KB021555

거품예찬

거품예찬

넘쳐야 흐른다

제1판 제1쇄 2016년 1월 25일
제1판 제4쇄 2017년 6월 28일

지은이 최재천
펴낸이 우찬제 이광호
펴낸곳 ㈜문학과지성사
등록번호 제1993-000098호
주소 04034 서울 마포구 잔다리로7길 18 (서교동 377-20)
전화 02) 338-7224
팩스 02) 323-4180(편집) 02) 338-7221(영업)
전자우편 moonji@moonji.com
홈페이지 www.moonji.com

ISBN 978-89-320-2838-5 03300

이 도서의 국립중앙도서관 출판예정도서목록(CIP)은 서지정보유통지원시스템 홈페이지(http://seoji.nl.go.kr)와 국가자료공동목록시스템(http://www.nl.go.kr/kolisnet)에서 이용하실 수 있습니다.(CIP제어번호: CIP2016001449)

거품예찬

최재천

넘쳐야 흐른다

문학과지성사
2016

서문

넘쳐야 흐른다

항간에 떠도는 말 중에 '시장 논리'처럼 오용과 남용이 심한 말이 또 있을까 싶다. 툭하면 우리 교육 시스템이 수요에 비해 지나치게 많은 고학력자를 길러낸다며 시장 논리에 맞지 않는다고 비판한다. 본래 공급자는 물건을 팔기 위해 자유롭게 경쟁하고, 소비자는 가격이나 품질을 비교하며 역시 자유롭게 원하는 물건이나 서비스를 구매하는 곳이 자본주의 사회의 시장이다. 이 과정에서 시장 스스로 균형을 찾도록 하고 정부나 다른 어떤 외부의 힘도 개입하지 않아야 한다는 이치를 시장경제의 논리, 줄여서 시장 논리라고 하는 것이다. 인문학 전공자를 위한 직장이 상대적으로 적으니 고등학교나 대학에서 인문계를 줄이고 이공계를 늘려야 한다며 여기서도 시장 논리를 들먹이면 정말 헷갈린다. 공산주의나 잘 조율된 사회주의 국가의 시장에서는 어쩌다 수요와 공급이 절묘하게 맞아떨어질 때가 있는지 모르지만, 자본주의 국가의 자유경쟁 시장에서 수요와 공급은 언제나 출렁이게 마련이다. 시장에서 거품은 기본이다.

자연도 거품을 선택했다. 언젠가 발견될지 모르는 어느 먼 행성에서는 전혀 다른 '생명 논리'가 작동하고 있는지 모르지만, 적어도 지구라는 행성의 생물은 낭비를 기본 조건으로 선택했다. 지구의 그 어떤 생물도 미래 환경을 정확하게 예측하고 거기에 알맞게 적응할 수 있도록 맞춤 번식을 하지 않는다. 누구는 많이 낳고 누구는 적게 낳는다. 그러면 자연선택이라는 메커니즘이 나타나 누구의 전략이 성공했는지 판결을 내린다. 진화는 그래서 언제나 결과론적이다. 다 벌어지고 나서야 비로소 성패가 가려진다. 따지고 보면 우리 삶도 마찬가지다. 미리 예측하고 앞뒤 균형을 맞추려 부단히 노력하지만 제대로 성공해본 적은 거의 없다. 1991년 12월 26일 소련이 붕괴했다. 이론적으로는 무척 매력적이었던 공산주의 실험은 이렇게 처절한 실패로 끝이 났다. 평생 개미를 연구한 하버드 대학교의 사회생물학자 에드워드 윌슨Edward O. Wilson은 이렇게 말했다. "칼 마르크스는 옳았고 사회주의는 작동한다. 다만 그는 종種을 잘못 선택했을 뿐이다." 그나마 우리 인간은 자본주의를 개발했다. 말도 많고 탈도 많은 자본주의, 결코 최선은 아니지만 가장 자연에 근접한 시스템이다.

넘쳐야 흐른다. 그리스 철학에 따르면 초월적 일자一者로부터 유한한 존재들이 나온다. 마치 태양에서 쉼 없이 빛이 흘러나오는 것처럼. 우리 생애에서 벌어질 일은 아니지만 사실 태양도 언젠가는 소멸한단다. 샘이 넘쳐야 여울이 되어 흐를 수 있지만 샘도 마를 수 있다는 것이다. 하지만 나는 자연이나 우리 삶에서 구태여 이런 '절대적 하나'를 가정할 필요를 느끼지 않는다. 애써 틀어막지 않으면 거품은 언제나 일기 마련이고 그런 거품 사이로 삶은 반드시 흘러넘치게 되어 있다. 그렇지 않으면 그건 필경 죽은 시스템일 것이다. 하지만 우리 삶에서 샘이 마르지 않고 스스로 충만하게 하려면 적재적소適材適所가 아니라 과재적소過材適所를 실행해야 한다. 맡은 바 소임에 그저 알맞은 정도의 사람을 앉히면 허덕허덕 겨우 해낼 뿐이다. 능력이 넘치는 사람이 일을 맡아야 여유롭게 창의성을 발휘할 수 있다. 높은 대학 진학률이 마냥 나쁜 것만은 아닐지도 모른다. 우리나라는 다른 어떤 나라보다 훨씬 더 잘 훈련된 인재가 많다는 것인데, 대학을 졸업하자마자 곧바로 대기업의 좁은 문에 머리를 박을 게 아니라 좋은 중소기업에 가서 훌륭한 멘토에게 배우며 시작하는 게 훨씬 현명한 일이라는 마윈의 충고는 특히 우리나라에 시사하는 바가 크다. 한류 현상이 그냥 어쩌다 일어난 게 아니다. '드라마 왕국'이란 별명이 부끄럽지 않을 만치 엄청나게 많이 만들다 보니 「대장금」이나 「별에서 온 그대」 같은 성공작이 나오는 것이다. 그런 과정에서 안타깝게도 많은 것이 시들고 사라지지만 넘쳐야 고여 썩지 않고 흐르는 법이다.

진화생물학자는 가끔 자연주의적 오류를 범한다. 자연에서 관찰되는 현상은 그야말로 '자연스러운' 것 즉 '좋은' 것이므로 거기서 당위를 이끌어내자는 오류 말이다. 그러나 자연주의적 오류는 그 반대 개념인 도덕주의적 오류와 더불어 좀더 세밀하게 들여다볼 필요가 있다. 자연에서 자연스러운 일이 인간 사회에서도 언제나 자연스러울 수는 없다. 엄청나게 많이 만들어져 자연선택의 서슬 앞에 가차 없이 낭비되는 홀씨와 유충에게는 아직 마땅한 권리를 부여하지 못하고 있지만, 적어도 우리 스스로에게는 일일이 '인권'이라는 걸 보장하기로 했다. 모름지기 인간으로 태어난 그 어느 누구도 자연선택 따위에 낭비될 수는 없다. 그래서 뒤늦게나마 우리는 이제 따뜻한 자본주의를 고민하기 시작했다. 2005년 '대한민국 지성사 최초의 프로젝트'라며 시작한 이후 10년 만에 개정판을 낸 『대담』에서 인문학자 도정일 교수는 '두툼한 사회'를 얘기하고 자연과학자인 나는 '호모 심비우스*Homo symbious*'를 부르짖는 까닭도 여기에 있다.

내가 몸담은 학문 '생태학'에 길이 있어 보인다. 미국의 생태학자 개럿 하딘Garrett Hardin은 일찌감치 분명히 보았다. "생태학은 포괄적인 과학이고 경제학은 그것의 작은 전문 분야이다." 생태生態 즉 사는 모습을 연구하는 생태학자로서 평생 내가 관찰한 자연생태계와 인간생태계의 모습은 다른 듯 비슷한가 하면 또 같은 듯 늘 새롭다. 사소한 노력들이 모여 사회를 바꾼다는 신념으로 나는 오늘도 자연과 인간을 관찰한다.

차례

3 알면 사랑한다

4 좋은 담은 좋은 이웃을 만든다

5 부드러운 것이 강한 것이다

1

자연은 낭비를 선택했다

진화 적응 번식 경쟁 본능

딸꾹질

몇 년 전 아직 엄마 배 속에 있으면서 제왕절개 수술을 하고 있는 의사 선생님의 손가락을 움켜쥔 태아의 사진이 인터넷상에서 화제가 된 적이 있다. 사진을 본 사람들은 모두 너무나 신기해했지만, 사실 갓 태어난 인간 아기에게 빨랫줄을 쥐어주면 거뜬히 자신의 몸을 지탱하며 매달린다. 하지만 일주일쯤 지나면 우리 아기들은 언제 그랬냐는 듯 도로 무기력해진다. 그래도 잠깐이나마 이런 능력이 나타나는 이유는 아마도 그 옛날 우리 영장류 조상이 아프리카 초원에서 갑자기 위급해져 도망칠 때, 새끼가 어미의 털이나 가죽을 붙들고 매달려야 했기 때문이었을 것이다.

진화의 흔적으로 남아 있는 또 다른 인간 행동으로 '딸꾹질'이 있다. 딸꾹질은 우리가 무의식적으로 급작스럽게 숨을 들이마시면서 후두의 입구가 갑자기 수축하며 일어나는 생리 현상이다. 우리 귀에는 "딸꾹"이라 들리지만 서양인들에게는 "힉 hic"처럼 들리는 이 소리는 그야말로 성대의 문, 즉 성문聲門이 쾅하고 닫히는 소리이다.

딸꾹질의 빈도는 나이와 반비례한다. 아이들이 어른보다 훨씬 많이 한다. 임신 8주부터 시작하는 딸꾹질은 실제로 태아가 숨쉬기 운동보다도 더 빈번하게 하는 행동이다. 그 유명한 발 달린 물고기 틱타알릭Tiktaalik을 발견한 시카고 대학교의 고생물학자 닐 슈빈은 그의 저서 『내 안의 물고기』에서 딸꾹질은 그 옛날 우리가 뭍으로 올라오기 전 올챙이로 살던 시절에 빠끔거리며 하던 아가미 호흡의 연장이라고 설명한다. 딸꾹질도 분명 진화 과정에서 어느 순간 필요에 의해 생겨난 현상일 텐데, 지금은 점잖은 자리에서 우리를 민망하게 만드는 것 외에는 별다른 기능이 없어 보여 여전히 풀기 어려운 진화의 수수께끼로 남아 있다.

『기네스북』에는 68년 동안 무려 4억 3천만 번 정도의 딸꾹질을 한 미국 남성이 세계기록보유자로 등재되어 있다. 1분에 거의 40번 정도 딸꾹거린 셈이다. '딸꾹질 걸hiccup girl'이라는 별명을 얻은 미국 플로리다의 한 소녀는 5주 동안 매분 50번의 딸꾹질을 한 걸로 유명하다. 우리 사회에서는 긴장하거나 당황하면 딸꾹질을 한다고 알려져 있지만, 동유럽 문화권에서는 어디선가 남이 내 얘기를 할 때 딸꾹질이 나온다고 한다. 그럴 땐 귀가 가려운 거 아닌가?

아기의 칭얼거림

밤새 칭얼거리는 아기 때문에 잠을 설친 부부들에게 흥미로운 연구 결과가 발표되었다. 2014년 하버드 대학교 데이비드 헤이그David Haig 교수는 아기의 칭얼거림이 동생의 탄생을 지연시키려는 진화적 적응이라는 가설을 내놓았다. 그는 일찍이 한 몸을 이루는 유전자들도 늘 일사불란하게 협력만 하는 게 아니라 각자 자기의 이득을 위해 경쟁한다는 '유전체 갈등genomic conflict' 이론을 정립하여 일약 유명해진 진화생물학자이다. 그의 이론은 새로운 생명을 잉태하는, 그래서 마냥 숭고하고 아름다워야 할 임신 과정이 실제로는 임산부에게 엄청난 고통을 안겨주는 까닭이 무엇인지를 가지런히 설명해주었다.

태아와 엄마의 갈등은 둘의 유전자가 일치하지 않는 데서 기인한다. 엄마에게 태반 속의 아기는 기껏해야 유전자의 50퍼센트를 공유하는 존재일 뿐이다. 아기의 유전자 절반은 '철천지徹天之 남'의 유전자이다. 물론 사랑하는 남편의 유전자이지만, 사실 남편이란 존재는 근친결혼이 아니라면 유전적으로 철저한 남이다. 유전자의 절반이 다른 사이에서 완벽한 협력이란 애당초 기대하기 어렵다. 그래서 태아는 엄마로부터 좀더 많은 영양분을 빨아 당기려 해 때론 임신 빈혈까지 일으키는 반면, 엄마는 엄마대로 장차 태어날 아이들을 생각해 무한정 뺏길 수만은 없는 상황이라 임신은 필연적으로 갈등을 수반한다.

헤이그 교수는 천사처럼 새근새근 잘 자던 아기들도 생후 6개월 즈음하여 밤중에 자주 깨어나 보채기 시작한다는 데 주목했다. 이 무렵 더 이상 젖을 빨리지 않으면 산모는 다시 임신 가능한 생리 상태로 돌아간다. 엄마가 곧바로 임신하면 동생이 너무 일찍 태어나 부모를 두고 경쟁해야 하기 때문에 태아는 자꾸 엄마를 깨워 젖을 물리게 하는 방향으로 진화한 것이다. 실제로 터울이 촘촘한 형제들의 사망률이 그렇지 않은 경우보다 높다. 그렇다고 해서 하룻밤에도 몇 번씩 깨어나 칭얼대는 아기를 벌써부터 동생을 시기하느냐며 너무 타박하지는 말길 바란다.

수컷의 물건

대형유인원 즉 인간, 침팬지, 보노보, 고릴라, 오랑우탄 중에서 수컷의 음경이 가장 긴 동물은 바로 우리 인간이다. 고릴라는 대형유인원 중에서 몸집은 단연 제일 크지만 음경의 평균 길이는 불과 4센티미터로 침팬지의 절반, 인간의 3분의 1에 지나지 않는다. 그러나 고환의 크기를 비교하면 서열이 좀 달라진다. 침팬지가 가장 큼직한 고환을 갖고 있고 보노보가 그 뒤를 바짝 쫓는다. 고릴라는 이 부문에서도 단연 꼴찌이다. 체격 대비 가장 왜소한 고환을 지니고 있다. 인간은 침팬지와 고릴라의 중간쯤에 위치한다.

고릴라 수컷은 어쩌다 체격에 걸맞지 않게 그처럼 작은 생식기를 갖게 되었을까? 생식기의 크기에 자존심까지 결부하는 인간 남성의 눈에는 초라해 보일지 모르지만 정작 고릴라 수컷들은 생식기의 크기 따위는 아랑곳하지 않는다. 다른 수컷들과 힘겨루기를 거쳐 일단 암컷들을 수중에 넣고 나면 일일이 암컷에게 검증을 받을 필요가 없다. 오히려 그렇지 못한 침팬지나 인간 수컷은 마지막 성행위 과정에서조차 자신의 남성성을 입증해야 하는 것이다.

유인원 중에서 가장 큰 음경을 지닌 까닭일까? 그동안 음경의 크기와 남성의 매력에 관한 연구는 여러 차례 수행되었다. 그러나 2013년 『미국과학한림원회보*PNAS*』에 실린 논문에 따르면 고환의 부피가 음경의 크기보다 실질적으로 더 중요한 '남자의 물건'이란다. 이번 연구에서 미국 에모리 대학교 인류학자들은 남성 70명의 두뇌와 고환의 자기공명영상MRI 자료를 분석한 결과 고환의 부피가 작은, 즉 사정되는 정액의 양이 적은 아빠일수록 자식 양육에 더 적극적으로 참여한다는 사실을 발견했다.

우리 인간은 침팬지, 보노보, 고릴라, 오랑우탄과 마찬가지로 일부다처제의 성향을 타고났지만 실제로는 거의 일부일처제를 시행하는 유인원이다. 다른 유인원 아기들이 나무를 탈 무렵 겨우 몸을 뒤집는 데 성공하는 무기력한 인간 아기를 기르려면 부모 모두의 양육 참여가 거의 필수적이다. 인간 남성의 대형 음경과 중형 고환은 남자와 아빠의 역할을 고루 해내기 위한 절묘한 중용 진화의 결과인 듯싶다.

○——— 키스의 진실

키스, 알고 보니 모두가 다 하는 게 아니었다. 그동안 우리는 키스가 사랑의 표징이라는 점에 대해 추호의 의심도 하지 않았다. 그래서 「바람과 함께 사라지다」「지상에서 영원으로」「카사블랑카」 같은 영화에서 남녀 주인공의 진한 키스에 함께 전율을 느끼곤 했다. 그러나 최근 『미국인류학회지』에 게재된 인디애나 대학교 연구진의 논문에 따르면, 세계 168개 문화에서 입술 키스는 불과 46퍼센트만 존재한다. 아시아 문화권의 73퍼센트, 유럽의 70퍼센트, 그리고 북미의 55퍼센트에서 연애 행위로서의 키스가 행해지고 있지만 중미, 아마존 지역, 뉴기니 그리고 사하라 사막 이남의 아프리카에서는 연인들이 키스를 하지 않는 게 전통이다. 서아시아에서는 조사한 10개 문화 모두에서 히잡으로 늘 얼굴을 가리고 다니는 서아시아 여성들이 일상적으로 키스를 즐기는 것으로 나타났다.

그동안 키스의 기원에 관해서는 '본능'과 '학습'이라는 두 상반된 주장이 있었다. 우리와 유전적으로 매우 가까운 침팬지와 보노보는 거의 프렌치 키스 수준의 상당히 질펀한 키스를 즐기며 개나 프레리도그 등 일부 포유류와 새들도 코나 부리를 서로 비비는 행동을 한다. 심지어는 물고기 중에도 입을 맞추는 종류가 있는 걸로 보아 인간의 키스는 사회적 또는 성적 기능을 위해 진화한 행동이라는 학설이 상당히 유력했다. 반면 학습 가설은 이유식이 개발되기 전 아직 이가 나지 않은 아기에게 잘 씹은 음식을 입으로 전달하던 풍습이 오늘날의 키스로 발전한 것이라고 설명한다. 몇 년 전에 방영한 인기 드라마 「아이리스」에서 이병헌이 김태희에게 한 '사탕 키스'를 보며 나는 키스의 '채이採餌, feeding 기원설'을 떠올렸다.

이번 연구로 일단 인간의 키스가 동물에게 기원을 둔 본능이라는 주장은 설 자리를 많이 잃었다. 그렇다고 해서 학습 가설을 흡족하게 지지하는 것도 아니다. 성애 키스의 짜릿함을 진정 학습의 결과로만 설명할 수 있을까? 키스를 "사는 게 미안해 너무 미안해서/죽음에게 잠시 혀를 빌려주는 것"이라 읊은 김륭 시인은 또 어쩌나?

○——— 남자들의 수다

수다는 원래 여성의 영역이었다. 인간은 존재의 역사 25만 년 중 첫 24만 년 동안 이른바 수렵채집 생활을 하며 살았다. 수렵 즉 사냥은 근육의 힘이 필요한 직업이었기 때문에 자연스레 남성들이 맡게 되었다. 그런데 사냥이란 게 낚시만 해봐도 알지만 날이면 날마다 잡히는 게 아니었다. 그래서 허구한 날 빈손으로 돌아올지 모르는 남정네들을 생각하며 여성들은 집 주변에서 견과류와 채소를 채집하여 안정적으로 저녁상을 차렸던 것이다.

수렵은 다분히 목표 지향적인 행위이다. 사슴을 사냥하려면 바다로 갈 게 아니라 사슴들이 출몰하는 초원으로 가야 한다. 그리고 운 좋게 사슴 한 마리를 잡으면 그 무거운 걸 둘러메고 객쩍게 이리저리 돌아다닐 게 아니라 곧바로 귀가하여 고기를 다듬어야 한다. 반면 여성들은 너무 목표 지향적으로 행동하면 곤란하다. 냉이 캐러 나간 아낙네가 냉이만 달랑 캐서 돌아오면 그날 저녁엔 냉이만 먹어야 한다. 그래서 여성들은 대개 냉이 한 바구니를 옆에 낀 채 마을을 한 바퀴 돌고 귀가한다. 마을을 돌다 동네 아낙네들을 만나면 질펀하게 수다를 떤다. 수다는 흔히 쓸데없는 말이라 여기지만, 여성들은 언뜻 쓸데없어 보이는 수다를 통해 서로 정보를 교환한다. 달래, 냉이, 씀바귀가 늘 동일한 시기와 장소에 나타나는 게 아니기 때문에 채집에는 정보의 수집이 무엇보다 중요하다. 동물을 사냥하던 남자들은 숨소리조차 내지 않으려 했지만 식물을 채집하던 여성들은 늘 재잘재잘 수다를 떨었다.

그러던 게 현대에 와서는 랩 음악과 SNS가 등장하며 남자들의 수다가 엄청나게 늘었다. 예전에는 술잔을 돌려야 군대나 정치 얘기로 나름 수다를 떨던 남자들이 요즘엔 떼로 몰려나와 수다를 떠는 TV 프로그램에서도 여성들에게 결코 밀리지 않는다. 래퍼도 여성에 비해 남성이 압도적으로 많다. 남자들이 원래부터 수다를 못 떠는 동물은 아니었나 보다. 그저 수다를 떨 기회가 없었던 모양이다. 과연 SNS 공간에서도 여전히 여성이 남성보다 더 수다스러운지 연구해보고 싶다.

요리하는 남자

바야흐로 요리하는 남자가 대세다. TV를 틀면 「삼시세끼」 「오늘 뭐 먹지?」 「냉장고를 부탁해」 「집밥 백선생」 등 요리 프로그램 천지다. 하루 종일 직장에서 업무에 시달리다 느지막이 귀가하던 이 땅의 평범한 남편들에게는 아닌 밤중에 날벼락 같은 일이다. 그동안은 '생계부양자bread-winner'로서 돈만 벌어오면 됐는데 이젠 직접 '빵을 만드는 사람bread-maker'도 돼야 한다니……

나는 일찌감치 이 스트레스를 충분히 겪었다. 미국에 살던 시절 같이 공부하던 아내와 나는 집안일을 늘 함께했다. 결혼 서약의 일부로 자청한 설거지는 물론이거니와 종종 세탁기도 돌리고 청소도 하고 장도 보았다. 나는 단 한 순간도 집안일을 아내의 몫이라고 생각하지 않았다. 그래서 아내를 '집사람'이라고 불러본 적도 없다. 하지만 이른바 집안일 중에서 내가 제대로 가담하지 못한 게 바로 요리였다. 어쩌다 내가 만든 음식은 솔직히 내가 먹어봐도 맛이 없었다. 그런데 어찌 된 영문인지 우리랑 가까이 지낸 미국 친구들은 한결같이 남편들이 주로 요리를 하는 부부들이었다. 가끔 한데 모여 저녁을 만들어 먹을 때마다 나는 천하에 못된 남편으로 전락하곤 했다.

시민단체들이 은퇴한 남성들을 위해 만든 교육 프로그램 중에서 요리 강습이 가장 큰 호응을 얻는단다. 그저 한 달 남짓만 배우면 이구동성으로 하는 말이 "요리가 이렇게 쉬운 거였어? 이까짓 것 때문에 내가 그동안 마누라한테 구박받은 거야?"란다. 요리하는 남자는 사실 새로운 현상이 아니다. 우리 인류는 불과 1만여 년 전까지 수렵채집을 하고 살았다. 허구한 날 빈손으로 돌아올지 모르는 남정네들을 생각해 집 주변에서 채소나 견과 들을 채집해 매일 저녁상을 차리는 일은 아내의 몫이었지만, 어쩌다 용케 잡은 사냥감을 '요리'하며 허세를 부린 셰프는 그때도 남자들이었다. '삼식이' 설움을 면하고 싶으신가? 말년에 부엌데기가 되라는 게 아니라 가끔이라도 우리 본연의 모습으로 돌아가 '허세남' 요리사 흉내를 내면 된다.

악수 문화

언젠가 탤런트 정준호가 TV 프로그램에 나와 모든 방청객과 일일이 악수하는 걸 본 적이 있다. 그는 워낙 인맥도 넓지만 누구를 만나든 다짜고짜 악수부터 하는 습성을 지녔다고 한다. 심지어는 부모님한테도 대뜸 악수부터 청한단다. 우리 사회에서 악수를 가장 많이 하는 사람들이 정치인이다 보니 그가 머지않아 정치계에 뛰어들 것이라는 예측이 자연스레 나온다.

악수의 기원은 많은 인간 풍습이 그렇듯이 명확히 알 수는 없으나 고고학적 증거에 따르면 적어도 기원전 5세기로 거슬러 올라간다. 그리스 아테네의 아크로폴리스 박물관에는 헤라와 아테나 여신이 악수하는 조각 벽화가 있다. 그 옛날 무기를 소지하고 있지 않다는 표시로 빈손을 내밀면서 악수 문화가 시작되었다는 학설이 있다. 침팬지들은 종종 서로의 손목을 잡고 높이 치켜든 채 털 고르기grooming를 시작한다. 비슷한 시기에 유럽 축구팀으로 진출한 이영표(전 토트넘)와 박지성(전 맨체스터 유나이티드)이 경기 중 서로 유니폼은 다르지만 슬며시 손을 잡는 사진이 인터넷상에 '세상에서 가장 아름다운 사진'으로 오르기도 했다.

AI(조류 인플루엔자)가 연례 행사마냥 잊을 만하면 우리 사회를 뒤흔든다. 전염성 질병의 관점에서 보면 악수는 최악의 행동이다. 새들이 서로 악수를 하지 않는 게 그나마 다행이다. 감기 환자로부터 차례로 악수를 이어가는 실험을 해보았더니 적어도 네 번째 사람에 가서야 바이러스가 기준 이하로 검출되었단다. 그런데 악수를 하며 상대방의 손을 조몰락거리는 사람들이 있다. 정치인 중에 특히 그런 사람이 많다. 정치인도 아니면서 그러는 사람 중에 결국 정치계로 가는 사람을 여럿 보았다.

운동선수들이나 젊은 친구들 사이에서 유행하는 '주먹 맞대기 fist bump'가 악수보다 훨씬 위생적이라는 연구 결과가 있다. 병균이 옮을 수 있는 면적과 시간이 줄어들기 때문이다. 악수가 비폭력의 표현으로 시작되었다면 주먹 맞대기는 언뜻 폭력적인 제스처로 보일 수 있다. 그래서일까? 서양 젊은이들은 주먹 맞대기를 하며 종종 '평화 peace'라는 말을 주고받는다. 전염성 질병이 날이 갈수록 극성을 부리는 현대사회에 새로운 인사 문화로 채택해보면 어떨까 싶다.

○——— 옥시토신, 기적의 호르몬?

얼마 전 어느 예능 프로그램에서 제왕절개 수술을 하고 아이를 낳았다는 여배우가 정작 마취에서 깨어나 아이를 받아 들었을 때 서먹서먹해서 당황스러웠다는 고백을 했다. 우리나라의 제왕절개 분만율은 한동안 35~40퍼센트를 유지하더니 최근에는 전체 분만의 거의 절반에 육박하고 있다. 제왕절개 분만율이 25퍼센트인 미국에 비하면 거의 두 배에 달하는 수치다. 제왕절개로 아이를 낳은 다른 산모들도 이 여배우와 비슷한 경험을 했는지 궁금하다.

제왕절개로 분만한 어미 양은 새끼에게 젖을 물리지 않는다. 심지어는 발로 차고 머리로 받기까지 한다. 자연분만의 경우에는 새끼가 산도를 빠져나올 때 그 자극에 의해 옥시토신이 분비되는데, 이 호르몬이 어미로 하여금 자기 새끼를 알아보게 돕는다. 그래서 제왕절개 수술을 하더라도 어미 양에게 옥시토신을 함께 주사하면 자연분만으로 새끼를 낳은 것과 같은 효과가 나타난다. 요사이 병원에서는 제왕절개 수술 중 출혈이 심할 경우를 대비하여 혈관 수축용으로 옥시토신을 거의 일상적으로 주사하는데, 이것이 산모가 아기를 알아보는 데 도움을 주고 있을 가능성을 배제할 수 없다. 그러나 실수로 뒤바뀐 아기도 거리낌 없이 품는 걸 보면 인간의 경우에는 호르몬의 영향보다 더 상위 수준의 인지 메커니즘이 작동하는 것 같다.

옥시토신은 남자의 바람기를 줄여 가정에 더욱 충실하게 만들기 때문에 일명 '사랑의 호르몬'이라 부른다. 또한 여러 다양한 동물에게서 옥시토신이 사회성 증진에 긍정적인 영향을 미친다는 연구 결과를 바탕으로, 자폐증 환자의 사회 적응 능력을 향상시키는 교육에 보조제로 사용하기도 한다. 이런 옥시토신이 하버드 의대 연구진에 따르면 남성들로 하여금 음식을 덜 먹게 할 뿐 아니라 기름기 있는 음식을 피하게 만든단다. 이처럼 비만 치료제로서의 가능성 외에도 옥시토신은 알코올 중독을 완화하는 효과도 갖고 있는 것으로 나타났다. 게다가 지금까지 드러난 부작용도 비교적 심각하지 않은 편이라 조만간 너도나도 옥시토신 정제를 복용하게 되는 건 아닌지 모르겠다.

몸에 좋은 음식

지금은 6척 장신에 당당한 근육질 남정네가 되었지만 아들 녀석은 아기 때 워낙 입이 짧아 우리 부부의 애를 참 많이 태웠다. 키는 백분위로 상위 15퍼센트에 속했건만 체중은 바닥에서 아예 도표 밖으로 밀려날 판이었다. 오죽하면 의사 선생님이 할 수만 있다면 입으로 음식을 쑤셔 넣으라고 주문한 적도 있을까. 우리 부부만 겪은 일은 물론 아니겠지만 음식 한 점을 먹이기 위해 악어 흉내에서 비행기 곡예에 이르기까지 안 해본 짓이 없었다.

2014년 미국 노스웨스턴 대학교와 시카고 대학교의 연구진은 아이들에게 그 음식이 얼마나 몸에 좋은지를 말해주면 오히려 더 안 먹는다는 흥미로운 연구 결과를 내놓았다. 3~5세 아이들에게 간식으로 각각 과자와 홍당무를 먹은 아이의 이야기가 담긴 그림책을 읽어준 다음 과자 또는 홍당무를 먹게 하는 실험을 했는데, 홍당무를 먹으면 더 튼튼해지고 셈도 더 잘한다는 얘기를 들은 아이들이 오히려 홍당무를 덜 먹더라는 것이다. 연구자들에 따르면 어른들이 애써 몸에 좋다고 말하는 순간 아이들은 그 음식이 맛없기 때문에 일부러 그런다는 걸 알아챈단다. 자식 양육에도 무턱대고 훈육적인 방식보다는 고도의 심리전이 필요한가 보다. 돌이켜보니 우리 부부도 아들에게 음식을 먹이기 위해 몸에 좋다는 얘기를 참 많이 했던 것 같다.

이 연구 결과에 고개를 끄덕이는 부모가 많겠지만 나는 경쟁 상황에서는 얘기가 달라질 수 있지 않을까 생각한다. 어렸을 때 음식에서 파를 골라내는 자식들을 보시고 아버지는 일부러 파를 맛있게 드시면서 "파가 그렇게 머리에 좋다네" 하시는 바람에 우리 사형제는 앞다퉈 파를 골라 먹는 촌극을 벌였다. 아버지는 종종 우리들에게 나이에 상관없이 퍼즐 문제를 함께 풀게 하고 가장 먼저 푼 아들에게 대놓고 상금을 하사하는 처절한 경쟁 체제를 도입했다. 여섯 살이나 어린 동생에게 번번이 고배를 마시던 나로서는 음식의 맛 따위를 따질 상황이 아니었다. 그러다 보니 지금도 내 설렁탕 그릇은 그야말로 국물 반, 파 반이다. 그간 먹은 파 덕에 타고난 것보다 머리가 후천적으로 조금이나마 좋아졌으려나.

○——— 소금의 재발견

얼마 전 나는 국제학회의 특강 요청을 받아 일본에 다녀왔다. 일본 음식을 워낙 좋아하는지라 일본에 도착하자마자 음식점으로 달려가 이것저것 먹었는데 어찌나 짠지 하루 종일 물병을 입에서 떼지 못했다. '소금'은 '빛'과 더불어 성경 가르침의 두 핵심어다. 훗날 거국적인 해방운동으로 번진 간디의 단디Dandi 해안 행진도 다름 아닌 소금에 과도한 세금을 부과한 영국 정부에 대한 저항으로 시작되었다. 소금이 인류의 역사를 바꾼 것이다. 소금에 들어 있는 나트륨과 칼륨 이온이 신경세포의 막을 교대로 넘나들며 생성하는 전위차의 변화가 신경을 따라 전파되며 우리 몸의 모든 생리 현상이 조절된다.

우리의 생존에 이처럼 중요한 소금이 언제부터인가 심혈관 질환의 주범으로 몰리며 졸지에 회피의 대상으로 전락했다. 온 세상이 온통 '저염 호들갑'을 떨고 있는 마당에, 최근 독일 레겐스부르크 대학교 연구진은 소금이 박테리아로부터 세포를 보호한다는 흥미로운 실험 결과를 내놓았다. 연구진은 우연히 다른 쥐에게 물린 쥐의 피부에서 정상적인 피부 세포보다 훨씬 다량의 나트륨을 발견했다. 염화나트륨을 다량 주입한 쥐와 인간의 세포에서 면역 작용이 활발해지는 사실도 확인했다. 또한 나트륨을 다량 함유한 사료를 먹은 쥐들이 병원균에 대해 훨씬 강한 면역 반응을 보였고 회복도 훨씬 빨랐다.

이쯤 해서 특별히 눈 밝은 독자들은 이거야말로 과학자들이 실험하기 훨씬 전부터 우리가 생활 지식으로 알고 있었던 게 아니냐고 반문할지도 모른다. 간고등어를 떠올리면서 말이다. 우리는 오래전부터 먹거리를 신선하게 저장하는 수단으로 소금에 절이는 방법을 사용해왔다. 치약이 귀하던 시절에는 소금으로 이를 닦기도 했다. 하지만 연구진은 얼씨구나 하며 다시 짠 음식을 드셔서는 안 된다고 당부한다. 그들이 실험에 사용한 나트륨의 농도는 4퍼센트로 쥐 사료의 나트륨 농도보다 무려 스무 배나 높은 수준이었기 때문이다. 그야말로 소태를 씹어야 약효가 있다는 걸 발견했을 뿐이다. 그렇긴 해도 음식점들은 왜 여전히 소금을 쏟아붓는 것일까?

소식과 장수

명절 연휴를 마치고 돌아온 동료들끼리 가장 많이 나누는 대화의 주제는 아마 체중일 것이다. 오랜만에 친지들과 만나 맛있는 음식을 잔뜩 먹었더니 없던 배가 나왔다며 헬스클럽으로 달려가는 이들도 적지 않으리라. 적게 먹어야 오래 산다는 얘기는 이제 거의 상식처럼 돌아다닌다. 하지만 정말 그런지는 아직 명확히 밝혀지지 않았다.

2012년 미국 국립노화연구소의 연구 결과에 따르면, 열량 섭취를 10~40퍼센트 줄인 붉은털원숭이들의 노화 관련 질병의 발병 시기가 상당히 늦어졌다고 한다. 그러나 기존의 연구 결과들과 달리 이번 연구에서는 수명은 그다지 늘지 않은 것으로 나타났다. 수명이란 소식小食뿐 아니라 유전과 환경 그리고 꾸준한 운동 등 다양한 요인에 의해 결정된다는 걸 다시 한 번 확인해준 셈이다.

『인간은 왜 늙는가』라는 책으로 한국 독자에게도 친숙한 미국 텍사스 주립대 건강과학센터 스티븐 어스태드 교수는 일찍이 무조건 적게 먹고 오래 사는 것은 진화적으로 아무 의미가 없음을 밝혔다. 소식을 하면 수명이 연장된다는 연구에 동원된 대부분의 동물은 오래 살긴 하는데 번식 행동도 거의 하지 않는다. 아무리 오래 살아도 번식 활동을 거의 하지 않는 동물과 조금 일찍 죽더라도 활발한 성생활 덕택에 자손을 많이 남긴 동물 중에서 누구의 유전자가 후세에 더 많이 남겠는가?

어스태드 교수는 2000년 『인간은 얼마나 오래 살 수 있는가』의 저자 스튜어트 올샨스키와 조금은 황당한 내기를 벌여 화제가 되었다. 2150년이 되기 전에 150세 인간이 나타날 것이라는 어스태드의 예언이 발단이었다. 이들은 지금 2150년까지 적금을 붓고 있다. 지금은 푼돈을 내지만 2150년 무렵이 되면 물경 5억 달러(6천억 원)에 이를 것이란다. 그래서 나도 이 '세기의 내기'에 동참했다. 돈은 내지 않고 입으로만. 어스태드 교수와의 오랜 친분에도 불구하고 나는 올샨스키에게 걸었다. 2150년 이전에 150세 인간이 나타나려면, 그는 이미 태어나 우리와 함께 살고 있어야 한다. 언젠가 인간의 수명이 150세가 될 수 있다는 데에는 동의할 용의가 있지만, 150년을 살 누군가가 나와 함께 이 지구 어딘가에 살고 있다는 건 아무리 생각해도 좀 억울하다. 나는 100년도 못 살 텐데.

○——— 건강하게 오래 사는 법

대학 시절 '포이에시스Poiesis'라는 독서 동아리를 할 때 이화여대 영문학과에 다니던 여학생이 칼 윌슨 베이커Karle Wilson Baker의 「아름답게 나이 들게 하소서Let me grow lovely」라는 시를 번역해줘 모두 함께 읽은 적이 있다. 시인은 자수, 상아, 황금 그리고 비단은 꼭 새것일 필요 없고 고목에 난 상처도 아물며 오래된 거리가 매력 있는 법인데, 우리는 왜 이들처럼 곱게 늙을 수 없느냐 묻고 있었다.

영국 리버풀 대학교 생물학자들은 최근 이 질문을 북극고래bowhead whale에게 묻는 게 좋겠다는 연구 결과를 발표했다. 북극고래는 무려 200년이나 살면서도 노화와 관련된 질병을 거의 앓지 않는 것으로 밝혀졌다. 다 자란 북극고래는 몸길이가 15미터에 달하며 무게는 5만 킬로그램이 넘는다. 따라서 그들의 몸에는 우리 인간보다 무려 1,000배 이상의 세포가 있다. 인간보다 훨씬 세포 수도 많고 오래 사는 고래가 암에 걸릴 확률이 당연히 더 높아야 하는데 그렇지 않다는 사실은 무얼 의미하는가? 그들에게 강력한 '항암 유전자'가 있을 가능성이 높다는 얘기다. 그 후 리버풀 대학교 연구진은 북극고래의 유전자들을 쥐에 이식한 다음 노화 속도와 암 발병 여부를 관찰하는 실험을 하고 있다.

노화 현상 중에는 모든 동물에게 보편적으로 나타나는 것도 있지만 종에 따라 특이하게 발생하는 것들도 많다. 늙은 말은 종종 창자가 꼬여 죽지만 인간에게는 그리 치명적이지 않다. 새는 인간보다 체온이 6~7배나 낮고 훨씬 많은 산소를 소모하며 사는데도 산화로 인한 손상이 거의 없다. 개와 사람은 전립선암에 걸리지만 쥐는 그렇지 않다. 그런데도 세계 거의 모든 의학연구소에서는 여전히 쥐를 대상으로 노화와 질병에 관한 연구를 계속하고 있다. 쥐의 암 발생을 연구하여 많은 걸 배운 건 사실이지만, 쥐에 비해 훨씬 탁월한 저항력을 가진 인간의 암을 이해하기에는 부족하기 짝이 없다. 건강하게 오래 사는 방법을 찾으려면 쥐가 아니라 고래나 새를 연구해야 한다.

거품예찬

배우 하정우는 어느 맥주 광고에서 맥주의 생명은 몰트와 홉의 완벽한 비율이라며 그 둘이 격렬하게 차오르며 부드럽게 감싸 안을 때 피어나는 거품이 맥주의 깊은 맛을 만들어낸다고 너스레를 떨었다. 실제로 맥주의 고장 독일에서는 거품이 전체의 30퍼센트가 돼야 진정한 맥주 맛이 난다고 한다. 맥주는 거품이 예술이다.

그런데 거품이라면 질색하는 분야가 있다. 바로 경제 분야이다. 이른바 시장 가치가 내재 가치보다 과대평가되면 거품경제가 형성되는데 불균형한 과잉 투자로 인해 시장의 안정성이 무너질 수 있다는 이유로 경제학자들은 대부분 기겁을 한다. 고등교육을 받은 사람들의 취업률이 낮아지기 시작하면서 사회의 수요에 비해 지나치게 많은 인재를 길러냈다는 시장경제의 논리가 교육에까지 거침없이 날아든다. 하지만 자본주의 경제에서 언제 수요와 공급이 정확하게 맞아떨어진 적이 있는가? 폐쇄경제 체제라면 모를까 공급 경쟁 없이는 경제 발전을 기대할 수 없다. 모름지기 넘쳐야 흐르는 법이다.

진화에서 거품은 기본이다. 자연은 스스로 지극히 낭비적인 삶의 방식을 택했다. 조개나 산호 같은 해양무척추동물들은 엄청나게 많은 알을 낳지만 그중에서 성체로 자라는 개체는 종종 1퍼센트도 채 되지 않는다. 식물도 엄청나게 많은 씨를 뿌리지만 극히 일부만 발아하여 꽃을 피운다. 몸집이 큰 생물일수록 자식을 덜 낳지만 확실하게 기를 수 있을 만큼만 낳아 모두 성공적으로 길러내는 경우는 거의 없다. 무모하리만치 많이 태어나고 그중에서 특별히 탁월한 개체들만이 살아남아 번식에 이르는 과정에서 바로 자연선택의 힘이 발휘된다. 그 결과로 적응 진화도 일어나는 것이다.

다윈은 자연선택의 개념을 확립하는 데 필요한 마지막 단서를 경제학자 토머스 맬서스의 『인구론』에서 찾았다. 조물주 없이도 자연이 스스로 선택할 수 있는 건 바로 거품 덕택이다. 그런데 왜 맬서스의 이론은 자연계의 거품은 인정하면서 경제계에서는 윤허하지 않는 것일까? 아무리 "먹기 싫은 음식이 병을 고친다" 해도 거품 빠진 맥주는 정말 못 마신다.

○——— 새로운 계산법

오랜 미국 생활을 청산하고 서울대로 돌아온 이듬해 나는 정부로부터 엄청난 금의환향 선물을 받았다. 1995년 김영삼 정부는 국립자연사박물관 건립 계획을 공표했다. 미국에서 산 15년을 송두리째 자연사박물관에서 보낸 나로서는 정부가 나의 귀환을 손꼽아 기다렸나 착각할 지경이었다. 그래서 앞뒤 가릴 것 없이 뛰어든 건립추진위원회 일이 어언 20년이 흘렀다.

김영삼 정부는 발표만 하고 떠나갔고 이어진 세 정부의 시큰둥한 태도에 기대에 부풀었던 내 가슴은 새카맣게 타버렸다. 번번이 한국개발원KDI의 예비 타당성 조사가 문제였다. 자연사박물관 건립은 경제성이 부족한 사업이라는 것이다. 그때마다 나는 입장료 대비 운영비만 계산하지 말고, 어느 날 한 아이가 박물관 로비로 들어서며 거대한 공룡 화석에 감동받아 훗날 세계적인 고생물학자가 되어 대한민국의 품격을 올려주는 경제성도 계산해 달라고 호소했다. 경제학은 아직 이런 덧셈 계산을 할 줄 모른다.

계산을 못하기는 뺄셈도 마찬가지이다. 그저 오늘, 이달, 올해 수익이나 계산할 줄 알았지 어쩌다 사고라도 나면 애써 벌었던 걸 단번에 다 날릴 수 있다는 걸 계산에 넣지 않는다. 설령 계산했다 하더라도 그건 어디까지나 경제적 손익 계산일 뿐 고귀한 생명을 잃는 것에 대해서는 아예 계산법조차 모른다. 청해진해운은 가장 악랄한 사례일 뿐 우리 사회의 거의 모든 조직은 한결같이 성과 위주의 대차대조표만 작성하고 있다. 세월호 참사는 우리에게 근본적으로 다른 손익계산서를 주문하고 있건만.

경제 부흥이라는 미명 아래 이 땅 도처에서 벌어지고 있는 온갖 국토개발사업 역시 그것이 가져올 경제성만 강조할 뿐 그로 인한 국민 행복의 손실은 계산할 줄 모른다. 더 많은 승객과 화물을 싣기 위한 구조 변경에 눈이 어둡더니 침몰 가능성에는 아예 눈을 감아버린 것처럼. 이제는 예비 타당성 조사에 경제성economic feasibility과 더불어 생태성ecological integrity 계산이 포함돼야 한다. 안전 사회에는 새로운 계산법이 필요하다.

발가벗긴 디엔에이

다윈은 몰랐다. 무엇이 자식으로 하여금 부모를 빼닮도록 만드는지. 다윈의 정원에는 서양에서는 꽃이 마치 용의 입처럼 열린다 하여 '스냅드래곤snapdragon'이라 부르고 동양에서는 금붕어의 입을 닮았다 하여 '금어초金魚草'라 부르는 식물이 자라고 있었다. 이 식물은 붉은 꽃과 흰 꽃을 교배하면 분홍 꽃을 피운다. 예전에는 집집마다 참 많이 키웠던 분꽃에서도 동일한 현상이 나타난다. 멘델의 유전 법칙에 따르면 붉은색이 흰색보다 우성일 경우 붉은 꽃과 흰 꽃의 교배 첫 세대는 모두 붉은 꽃을 피우는 법이건만 이들은 그 법칙을 따르지 않는 것이다.

'유전학의 아버지' 멘델은 다윈과 동시대 사람이었다. 오스트리아의 수도사였던 그는 완두콩 교배 실험을 통해 나타난 다양한 표현형질을 통계적으로 분석하여 유전물질은 입자particle로 되어 있다는 결론을 이끌어냈다. 멘델은 이 결과를 1866년 두 편의 논문으로 발표했고 그 논문집은 다윈의 서가에도 꽂혔지만 다윈은 끝내 그 논문들을 읽지 않았다. 공교롭게도 멘델의 우성 법칙을 따르지 않는, 이른바 '불완전 우성'의 예인 금어초를 관찰한 다윈은 결국 유전물질은 물감처럼 섞인다고 생각했다. 붉은 물감과 흰 물감을 섞으면 분홍색이 되는 것처럼.

그 후 1869년 스위스 출신의 생리화학자 프리드리히 미셰르Friedrich Miescher가 백혈구의 핵으로부터 DNA와 관련 단백질의 결합체인 뉴클레인nuclein을 추출해내는 데 성공하면서 유전 물질은 드디어 그 실체를 드러내기 시작했다. 그러나 DNA의 화학구조가 밝혀진 것은 이로부터 84년이 흐른 후인 1953년이었다. 미국의 유전학자 제임스 왓슨James Dewey Watson과 영국의 물리학자 프랜시스 크릭Francis Crick이 DNA의 '이중 나선' 구조를 밝힌 논문이 과학 학술지 『네이처』에 실린 지도 60여 년이 지났다. 20세기 생명과학의 가장 위대한 발견이 어느덧 회갑을 넘긴 것이다.

컴퓨터 자판을 영어로 바꾸지 않은 채 'DNA'를 입력하면 모니터에 '새롭게 돋아나는 싹'이라는 뜻의 우리말 '움'이 나타난다. 21세기가 끝나기 전에 과연 어디까지 성장할지 그 끝을 가늠하기 어려운 바이오산업의 움은 바로 DNA에서 돋아난다. DNA는 이제 현대인의 필수 교양이다.

다윈과 월리스

1858년 6월 18일 말레이군도에서 현장 연구를 하고 있던 젊은 자연학자 앨프리드 월리스Alfred Russel Wallace의 논문이 다윈의 집으로 배달되었다. 읽어보시고 괜찮다고 판단되시면 당시 학계의 거물인 지질학자 찰스 라이엘Charles Lyell에게 전달해달라는 짤막한 메모와 함께. 월리스의 논문에는 '자연선택natural selection'이라는 용어를 사용하지는 않았지만, 지난 20년간 다윈이 연구해온 진화 메커니즘의 정수가 고스란히 정리되어 있었다.

평생의 과업이 한순간에 무너져내릴 수 있었지만, 그 무렵 갓 태어난 아들의 발병으로 경황이 없었는지 다윈은 라이엘에게 모든 걸 내려놓은 듯한 편지를 보낸다. "이보다 더 훌륭한 요약문을 쓰기도 어려울 겁니다. (……) 내게 출간을 부탁하진 않았지만 나는 어떤 학술지에든 편지를 써서 부탁할 생각입니다." 하지만 다윈의 심정을 누구보다 잘 알고 있던 라이엘과, 다윈의 절친한 식물학자 조지프 후커Joseph Hooker는 자진하여 위험한 '교통정리'에 나선다. 딱히 출간을 요청하지도 않은 월리스의 논문과 나란히, 일찍이 후커에게 보낸 에세이와 하버드 대학교의 식물학자 아사 그레이Asa Gray에게 보낸 편지의 내용을 발췌하여 짜깁기한 다윈의 논문이 그해 7월 1일 런던린네학회에서 발표된다. 뒤늦게

이 같은 사실을 통보받은 월리스가 아무런 문제 제기를 하지 않아서 그렇지, 자칫 과학계의 최대 음모 사건으로 비칠 수도 있는 모의였다.

훗날 다윈이 월리스에게 보낸 편지들의 행간에는 마지못해 동료들의 작전에 동조하긴 했지만 월리스가 불편한 심기를 드러낼까 노심초사 우려한 흔적이 여기저기 배어난다. 하지만 1862년에 영국으로 돌아온 월리스는 다윈의 『종의 기원』을 알리고 방어하는 데 적극적이었다. 심지어는 자신의 이론과 유사한 다윈의 이론에 다윈주의Darwinism라는 별칭까지 붙이며 떠받들었다. '최초'가 게임의 거의 전부인 과학계에서 존경하는 선배 학자에게 업적을 돌리고 진심으로 예우한 인품의 대학자 월리스를 기린다.

○——— 비발디와 멘델

봄은 비발디와 함께 온다. 고대의 봄은 어땠는지 모르지만 적어도 20세기 중반 이후의 봄은 비발디의 「사계」에 실려 온다. 대동강 물도 풀린다는 경칩 무렵이면 라디오에서 거의 매일 비발디의 「사계—봄」이 흐른다. 새들이 지저귀고 시냇물이 졸졸거리는 나른한 봄날, 갑자기 몰아친 비바람에 낮잠에서 깨어난 목동이 또다시 새들의 경쾌한 노랫소리를 들으며 봄을 맞이한다는 이 곡은 이제 현대인의 삶에 가장 확실한 봄의 전령이다.

1678년 3월 4일은 비발디가 태어난 날이다. 지금은 바흐 다음으로 자주 연주되는 최고의 바로크 작곡가로 추앙받고 있지만 그의 음악은 1741년 그의 죽음과 함께 빠르게 잊혀 갔다. 그러다가 20세기로 들어서며 오스트리아의 바이올린 연주자 프리츠 크라이슬러, 프랑스의 음악학자 마르크 팡쉐를르, 이탈리아의 작곡가 알프레도 카셀라 등의 노력으로 비발디의 음악은 그의 사후 2세기 만에 화려하게 부활했다. 마치 비발디가 환생한 듯한 크라이슬러의 작품에 자극을 받은 팡쉐를르 연구가인 시인 에즈라 파운드의 도움을 얻어 카셀라가 기획한 '비발디 주간Vivaldi Week'이라는 대대적인 행사로 이어졌다. 이 세 음악가의 재발견이 없었다면 21세기의 사계절은 과연 어떤 모습일지 상상조차 하기 싫다.

20세기로 들어서자마자 과학계에는 위대한 재발견이 일어난다. 오스트리아의 수도사 멘델은 그 유명한 완두콩 교배 실험 결과를 1866년 논문으로 발표하지만, 당시에는 그 중요성을 인정받지 못했다. 그가 발견한 입자로서의 유전물질 이론은 부모의 유전 속성도 서로 다른 색상의 물감이 섞이면 중간색을 띠듯 섞일 수밖에 없다는 당대 학자들의 혼합 이론에 눌려 전혀 빛을 보지 못했다. 그러다가 1900년 이른 봄 세 사람의 생물학자 휘고 드브리스, 카를 코렌스, 에리히 체르마크가 자신의 실험 결과를 발표하는 과정에서 각각 독립적으로 멘델의 연구를 재조명하게 된다. 이 세 학자의 재발견이 없었다면 21세기 생명과학의 시대는 영원히 오지 않았을지도 모른다.

○——— '이상한 나라'의 진화생물학자

괴팍하지만 기발했던 진화생물학자 리 밴 베일런Leigh Van Valen이 2010년 10월 16일 세상을 떠났다. 그는 영국의 과학저술가 매트 리들리의 책 『붉은 여왕*The Red Queen*』 덕택에 진화생물학을 전공하지 않은 일반인에게도 퍽 친숙해진 '붉은 여왕 가설'을 처음으로 제안한 학자였다. 루이스 캐럴이 『이상한 나라의 앨리스』의 속편으로 쓴 『거울 나라의 앨리스』에는 앨리스가 거울 속으로 들어가 서양장기판의 붉은 여왕에게 손목을 붙들려 달리는 장면이 나온다.

한참을 달렸는데 왜 여전히 같은 나무 밑을 달리고 있느냐고 묻자 붉은 여왕은 다음과 같이 답한다. "너희 동네는 느린 동네로구나. 여기서는 있는 힘을 다해 달려야 제자리를 유지할 수 있단다. 네가 어딘가에 다다르고 싶으면 적어도 두 배로 빨리 달려야 한단다." 소설에서 빌려온 이 유비는 훗날 멸종, 공진화, 성선택 등 진화의 주요 개념들을 설명하는 가장 탁월한 핵심어로 자리 잡는다. 그는 또한 20종의 포유류 화석 신종을 기재했는데 전부 『반지의 제왕』으로 잘 알려진 톨킨의 판타지소설에 등장하는 주인공들의 이름을 따서 명명했다. 그야말로 인문학과 자연과학의 통섭에서 나온 상상력이다.

평생 300편이 넘는 논문을 발표한 그였지만 '붉은 여왕 가설'을 설명한 논문이 기성 학술지들로부터 잇따라 게재 불가 판정을 받자 아예 『진화이론*Evolutionary Theory*』이라는 새로운 학술지를 창간하고 거기에 자신의 논문을 발표한다. 그는 또한 『하찮은 연구 저널*Journal of Insignificant Research*』이라는 학술지도 만들어 젠체하는 학자들의 꼴불견을 대놓고 조롱하기도 했다.

그의 기이한 행동은 어느 학회에서 기조강연을 시작하며 직접 공룡의 구애 노래를 부른 일화로 정점을 찍는다. 시간이 다 됐는데 기조강연자가 나타나지 않아 술렁이기 시작할 즈음, 강연장 뒤편에서 무언가 무거운 게 쿵 하고 떨어지는 소리가 들려 돌아보니 그가 두툼한 책을 바닥에 떨어뜨렸다 집고 또 떨어뜨리며 걸어오더라는 것이다. 강단에 올라선 그는 그 옛날 공룡들이 걸을 때 그런 소리가 났다며 자작곡 「공룡들의 섹스」를 목청껏 불러젖혔다고 한다. "발을 굴러라, 꼬리를 내리쳐라, 리히터 규모 6.6의 강도로!"

공룡과 용

노천명 시인은 사슴을 가리켜 "모가지가 길어서 슬픈 짐승"이라 했다. 그러나 목이 긴 걸로 치면 단연 기린이 으뜸이다. 곧추섰을 때 키가 얼추 6미터인데 목이 2미터나 된다. 기린이 달릴 때나 물을 마시는 모습을 보면 몸길이의 3분의 1에 달하는 목을 어쩌지 못해 거추장스러워하는 모습이 안쓰럽기까지 하다. 그런데 중국에서 기린도 울고 갈 기이한 공룡이 발견됐다. 몸길이가 15미터인 것도 놀랍지만 목의 길이가 장장 7미터가 넘는다. 몸길이의 절반이 목인 셈이다. 고생물학자들은 이 공룡에게 '키장룽Qijianglong' 즉 '키장의 용'이라는 이름을 붙여주었다.

공사 현장에서 대형 크레인이 가끔 고꾸라지는 걸 보면 도대체 이 공룡은 어떻게 그 긴 목을 쳐들고 살았을까 궁금하다. 이번에 발견된 키장룽은 머리뼈와 목뼈가 거의 온전하게 발견되었는데 머리는 몸집에 비해 어처구니없을 정도로 작고 목뼈는 속이 텅 비어 있어서 보기보다 훨씬 덜 무거웠을 것이란다. 그리고 목뼈 관절의 구조로 미루어 보아 우리가 만들어 쓰고 있는 크레인과 마찬가지로 이들의 목도 좌우보다는 주로 위아래로 움직인 것으로 보인다. 그렇다면 기린은 진화의 과정에서 목의 길이는 상대적으로 줄고 대신 상하좌우로 움직일 수 있는 유연성을 얻은 듯싶다.

용의 전설이 오로지 동양 문화에만 있는 줄 알았다면 천만의 말씀이다. 비록 부르는 이름은 다를지라도 용은 거의 모든 문화권에 살아 있다. 그 옛날 아프리카에서는 나일 강의 악어를 맞닥뜨리며 용의 존재를 상상했고, 오세아니아 지역에서는 모니터도마뱀이 그 역할을 했을 것으로 추정한다. 어쩌다 바닷가로 밀려와 뼈만 남은 고래는 세계 여러 해안 지방에서 용으로 승천했다. 키장롱이 인류 역사를 통틀어 이번에 처음 발견된 것일까? 그저 이번에 처음으로 과학자들에 의해 연구되었을 뿐일지 모른다. 화석의 정체와 진화의 개념에 대해 무지했던 그 옛날, 거대한 공룡의 뼈를 마주한 고대인이 용을 창조해낸 과정을 상상하는 것은 그리 어렵지 않은 일이다.

「주라기 공원」 20주년

지난여름 극장가를 강타한 영화 「주라기 월드」를 보며 개봉한 지 20년도 더 지난 「주라기 공원」이 새삼 떠올랐다. 나무 꼭대기에 달려 있는 잎을 따 먹기 위해 앞발을 들고 곧추서던 거대한 초식 공룡 브라키오사우루스, 떼를 지어 평원을 질주하던 갈리미무스, 갈고리 모양의 발톱으로 주방문을 열고 마치 독 안에 든 쥐를 쫓듯 남매를 추격하던 벨로시랩터 등 잊지 못할 장면들이 많았지만, 그중에서도 가장 압권은 누가 뭐래도 무시무시한 티라노사우루스의 등장이었다. 고장 난 차 안에 숨어 있는데 점점 가까워지는 티라노사우루스의 발자국 소리와 더불어, 화면 가득 컵 속의 물이 동심원을 그리며 흔들리던 장면에 진정 심장이 멎는 듯했던 기억이 새삼스럽다.

「주라기 공원」은 공룡이 과연 변온동물인지 항온동물인지에 대한 논쟁에 불을 질렀다. 이른바 '공룡 르네상스'를 불러일으킨 유명한 공룡학자 로버트 배커Robert Bakker는 공룡이 항온동물이었다고 주장한다. 척추동물의 뼛속에는 혈관, 림프관, 신경 등을 싸고 있는 하버스관이라는 구조가 있는데, 항온동물인 포유류와 조류에는 매우 촘촘하지만 변온동물인 파충류에는 성기게 분포한다. 배커에 따르면 공룡의 하버스관 밀도는 포유류와 조류에 훨씬 더 가깝다. 심장이 거의 완벽하게 보존된 화석의 발견으로 공룡의 심장이 파충류처럼 2심방 1심실이 아니라 우리처럼 2심방 2심실 구조로 되어 있는 것으로도 밝혀졌다.

공룡이 변온동물이라고 주장하는 이들이 내세우는 증거로 '뼈 나이테'가 있다. 파충류나 양서류 같은 변온동물은 춥거나 건조한 시기에는 성장이 느려져 뼈에 나무처럼 나이테가 생긴다. 그동안 포유류에는 없는 줄 알았던 뼈 나이테가 열대에서 극지방까지 분포하는 온갖 발굽 달린 포유동물에게서 발견되었다.

나는 개인적으로 공룡은 항온동물이었을 것이라고 생각한다. 그렇지 않다면 브라키오사우루스가 해가 뜬 후 과연 몇 시간이 지나야 그 거대한 몸을 충분히 데워 움직일 수 있었을까 궁금하다. 잔뜩 흐린 날이면 혹시 미처 깨어나기도 전에 다시 잠들어야 했던 건 아닐지 의심스럽다. 물론 「주라기 공원」은 배커 박사가 스티븐 스필버그 감독의 과학 자문으로 참여한 영화였지만, 티라노사우루스가 만일 변온동물이었다면 폭우가 쏟아지는 밤중에 전속력으로 달리는 지프를 따라잡을 수는 없는 일이다.

전설의 기원

"그렇게 단순했던 시작이 이처럼 아름답고 놀랍도록 다양한 생명으로 진화했고 또 진화하고 있다니……" 다윈의 『종의 기원』에서 가장 자주 인용되는 문장이다. 다윈은 사실 유전자의 실체에 대해 잘못된 지식을 갖고 있었음에도 불구하고 지구상의 모든 생명체들이 태초에 하나의 생명으로부터 분화되었다고 주장했다. 그런데 놀랍게도 오늘날 최첨단의 생물학은 그가 옳았다는 것을 확인하고 있다.

다윈의 진화론에 입각하여 시간을 거슬러 올라가며 생물의 가계도를 밝히는 생물학 분야를 계통분류학phylogenetics이라고 한다. 예전에는 생물의 형태에 관한 정보를 사용하다가 요즘에는 유전자나 아미노산 정보를 가지고 확률적으로 가장 근사한 정도, 즉 최우도最尤度를 찾아내는 통계 방법을 이용하여 공룡이 진정 새의 조상인지 또는 인간과 침팬지가 언제 공통조상으로부터 갈려 나왔는지 등을 추정한다.

계통분류학은 어느덧 생물학에서 가장 활발한 연구 분야가 되었지만, 이 멋진 진화적 방법론이 생물학의 담을 넘어 다른 분야에 적용된 예는 언어의 기원에 관한 연구 외에는 거의 없었다. 하지만 2013년 국제 학술지 『플로스원*PLoS One*』에는 17세기 프랑스의 동화작가 샤를 페로의 『빨간 모자 *Little Red Riding Hood*』와 그와 흡사한 아프리카와 동아시아의 전래 동화를 비교 분석한 논문이 실렸다. 섭섭하게도 이 동화들은 그 기원과 발달 과정에서 한 계통으로 진화한 것이 아니라고 밝혀졌지만 앞으로 민간 설화와 민요의 진화적 연구는 봇물 터지듯 쏟아져 나올 것 같다.

나는 가장 좋은 후보로 무엇보다도 우리 설화 『콩쥐 팥쥐』의 분석을 제안한다. 『콩쥐 팥쥐』와 『신데렐라』의 유사성에 대해서는 이미 많은 사람들이 지적한 바 있지만, 비슷한 이야기가 중국 당나라의 설화집 『유양잡조酉陽雜俎』에도 실려 있다. 이들은 만일 요즘 발표되었으면 표절 시비에 휘말렸을 게 분명할 정도로 서사 구조가 흡사하지만 진정 진화의 역사를 공유하는 이야기인지는 계통분류학적 분석이 필요해 보인다.

믿음 엔진

3월 3일은 이를테면 흉일凶日이다. 위키피디아에 따르면 비행기 추락 사고만 줄잡아 네 차례나 일어났다. 1953년 캐나다 퍼시픽 항공의 비행기가 파키스탄 카라치 공항에서 이륙하다 추락하여 승객 11명 전원이 사망한 사건에 이어, 1972년에는 미국 모호크 항공의 비행기가 뉴욕 올버니 공항에 착륙을 시도하다 파손되어 17명이 숨졌다. 그로부터 2년 뒤 1974년에는 터키항공의 비행기가 프랑스 파리 인근에 떨어지며 무려 346명의 목숨을 앗아갔고, 1991년에는 유나이티드항공의 비행기가 로키산맥의 고산 도시 콜로라도 스프링스에 추락하여 25명이 사망했다.

이쯤 되면 3월 3일에 비행기 여행을 하기가 왠지 꺼림칙하리라. 게다가 2014년 3월 3일 우리말로도 번역된 『사람은 어떻게 죽음을 맞이하는가』의 저자 셔윈 눌런드 예일 대학교 의료윤리학 교수가 세상을 떠났다고 하면 우리 중 몇몇은 곧바로 미신의 나락으로 떨어질 것이다. 그러곤 하고많은 날 중에 왜 하필이면 3월 3일 비운이 겹칠 수밖에 없는지에 대한 그럴듯한, 그러나 전혀 근거 없는 스토리를 만들어내고 확신에 찬 목소리로 그걸 온 세상에 퍼뜨리기 시작한다. 예로부터 우리는 "삼세번에 득한다"고 했다. "그런데 삼세번이 겹치면 복에 겨워 오히려 재앙이 덮친다." 이런, 이건 순전히 내가 지어낸 얘기인데 벌써 몇 사람이 빠져드네.

평생 이 같은 비과학의 맹점을 알리려 동분서주해온 과학 저술가 마이클 셔머는 그의 저서 『왜 사람들은 이상한 것을 믿는가』에서 이는 우리 두뇌의 진화 과정에서 만들어진 '믿음 엔진 belief engine' 때문에 벌어지는 일이라고 설명한다. 반복된 관찰을 바탕으로 한 믿음 엔진 덕택에 인간이 만물의 영장이 됐지만 부작용도 만만치 않다는 것이다. 셔머가 발행하는 잡지 『스켑틱 *Skeptic*』이 국내에서도 출간되고 있다. 미신 신봉이라면 둘째가기 서러워할 우리나라에서도 이 잡지를 보게 되다니 참으로 반갑다.

인간 행동의 네 단계

인간의 행동은 인식, 생각, 실행, 회고의 네 단계를 거친다. 중추 신경계가 제대로 발달하지 않은 동물들은 외부의 자극에 즉각적으로 반응할 뿐 생각의 과정을 거치지 않는다. 그렇다고 인간의 모든 행동이 다 생각의 단계를 밟는 것은 아니다. 숲을 거닐다 갑자기 등 뒤에서 부스럭 소리가 났을 때 자연계에서 가장 잘 발달된 대뇌를 지닌 동물답게 그 소리의 원인을 분석하다가는 큰 낭패를 볼 수 있다. 소리의 크기로 미뤄 볼 때 그저 토끼 정도로 생각했는데 정작 곰이 덮칠 수도 있기 때문이다. 그래서 우리는 이럴 경우 본능적으로 일단 몸을 숨기고 본다. 체면을 따질 때가 아니다. 진화의 역사에서 때론 대뇌의 사고 단계를 생략하는 편이 더 유리했기 때문이다.

인간의 경우 생각의 과정은 돈키호테에서 햄릿까지 천차만별이다. 우리는 깊이 생각하지 않고 행동에 옮기는 사람을 돈키호테라 부른다. 하지만 산초의 만류에도 불구하고 풍차로 돌진한 돈키호테는 생각이 부족한 게 아니라 인식의 오류를 범한 것이다. 평원에 줄지어 서 있던 풍차들이 거대한 괴물들이라고 잘못 인식한 게 문제였지 기사로서 그들을 물리쳐야 한다고 생각한 게 잘못은 아니었다. 우리는 실행 단계에서 문제가 발생하면 대개 생각의 부족에 책임을 묻지만 실제로는 어설픈 인식이 주범인 경우가 더 많다. 우리 뇌는 매우 정교하게 조율된 판단 기계이다. 얼마나 정확한 데이터가 입력되느냐에 따라 얼마나 훌륭한 결론이 도출되는지가 결정된다. 철학자 프랜시스 베이컨은 "아는 것이 힘이다"라는 명언을 남겼다. 그에 따르면 생각이란 지식을 기반으로 한 자연스런 귀납 과정에 지나지 않는다. 힘은 일단 인식에서 비롯된다.

각부 부처의 수장을 임명하는 개각이 있을 때마다 여야를 막론하고 나라가 시끄럽다. 애써 천거한 인물들이 이 땅의 보통 시민보다도 훨씬 자주 법의 언저리를 위험하게 넘나든 사실이 드러나는 경우도 적지 않다. 그럼에도 잘못된 인사를 철회하지 못하는 이유가 무얼까? 만일 스스로 생각이 짧았음을 인정하기 싫어서라면 다시 생각해보라. 이건 생각이 아니라 정보의 부족으로 인해 벌어진 일이다. 오류의 소재를 파악하고도 바로잡지 않는다면 인간의 행동만이 유일하게 거치는 단계인 회고의 문제가 된다. 돌이켜 생각할 줄 모른다? 이거 당최 인간 체면이 서질 않네.

○──── 본능의 빈자리

숲 속에서 길을 잃어 헤매고 있는데 갑자기 등 뒤에서 우지끈거리는 소리가 났다고 하자. 이런 상황에서는 기본적으로 두 가지 대응이 가능하다. 앞뒤 가릴 것 없이 일단 튀는 방법과 침착하게 소리의 크기와 성격을 분석하여 심각하면 튀고 대수롭지 않다고 판단되면 그냥 무시하는 방법이 있다. 효율적 진화의 관점에서 보면 쓸데없이 에너지를 낭비하지 않도록 해주는 후자가 훨씬 적응적일 수 있다. 하지만 실제 상황에서 우리는 대체로 에너지 낭비고 체면이고 고려할 겨를도 없이 무조건 튀고 본다. 허구한 날 툭하면 아무것도 아닌 일에 몸을 피하느라 번번이 에너지를 낭비하며 살았던 인간에 비해 절체절명의 위기 상황에서도 합리적으로 생각하느라 노력했던, 지나치게 논리적인 인간은 자손을 그리 많이 남기지 못했다. 어쩌다 한 번이라도 판단이 잘못되면 그걸로 삶이 마감되었기 때문이다. 따라서 우리는 대부분 비겁한 인류의 후손이다.

그 옛날 원시시대 우리 조상들은 그저 본능대로 살면 그만이었다. 그러나 문명사회로 접어들면서 본능에 충실하기 어려운 상황이 생겨났다. 기껏해야 작은 나룻배나 타던 시절에는 배가 뒤집히기 시작하면 지체 없이 본능적으로 물에 뛰어들었다. 그러나 점점 더 커다란 배를 만들어 타기 시작하면서 본능에 따라 살기 어려워졌다. 지난 세월호 침몰 때에도 갑판이나 배의 가장자리에 있던 사람들은 곧바로 위험을 감지하고 배를 떠날 수 있었지만 선실 깊숙이 있던 우리 아이들은 위험을 가늠하기 어려웠다. 지능이 낮은 동물일수록 위기에 강하다. 자고로 침몰하는 배에서 쥐가 가장 먼저 뛰어내리고 쥐의 몸에 붙어 있던 벼룩이 그보다 먼저 뛰어내린다. 본능의 힘은 위대하다.

본능의 영역을 상당 부분 지능에 양도하는 바람에 위기 상황에서 상대적으로 어눌해진 인간이 취할 수 있는 가장 좋은 전략은 다름 아닌 '학습'이다. 위기에 닥치면 논리적인 사고가 불가능할뿐더러 바람직하지도 않다. 머리가 아니라 몸이 기억할 때까지 반복적으로 훈련하는 것만이 본능의 빈자리를 메울 수 있다.

자연 본색, 인간 본색

여름이 가까워지면 우리 동네 골목에는 한 집 건너 빨간 덩굴장미가 흐드러지게 핀다. 사람들은 대개 덩굴장미를 찔레꽃이라 부른다. 본디 찔레꽃은 붉은색이 아니라 흰색이다. 그렇지만 1942년 가수 백난아가 불렀고 지금도 연세가 지긋한 어르신이라면 심심찮게 흥얼거리는 노래 "찔레꽃 붉게 피는 남쪽 나라 내 고향"에서도 찔레꽃은 붉은색이다. 아마 작사가가 붉은 덩굴장미를 찔레꽃으로 잘못 알고 가사를 지은 모양이다. 사실 따지고 보면 그리 틀린 말도 아니다. 우리가 기르고 있는 덩굴장미는 대개 찔레를 대목으로 하여 장미를 접목한 것이니 말이다.

아프리카 초원의 얼룩말을 보며 사람들은 흔히 흰 털가죽에 검은 줄무늬가 나 있는 것으로 생각하지만, 사실은 그 정반대이다. 동물에게는 검은색이 기본이다. 멜라닌 색소가 정상적으로 발현되면 검은색을 띤다. 얼룩말의 문양은 사실 군데군데 멜라닌 색소가 제대로 발현되지 않아 흰 줄무늬가 생겨 그리된 것이다. 젊었을 때에는 윤기가 흐르던 검은 머리에 세월이 흐르면서 희끗희끗 흰머리가 생기듯이.

단풍의 색에는 기본적으로 노랑과 빨강 두 종류가 있다. 가을로 접어들어 기온이 떨어지면 단풍나무는 새롭게 안토시아닌 색소가 만들어지며 붉은색을 띤다. 은행나무의 경우는 좀 다르다. 이미 봄부터 갖고 있던 카로틴계 색소들이 기온이 떨어져 엽록소가 파괴되기 시작하면 드디어 노란 본연의 색을 나타내는 것이다. 여름에는 엽록소의 녹색 위용에 가려 존재감도 없이 지내다가 가을이 되어서야 비로소 본색을 드러낸다.

요즘 우리 사회에는 지위가 높아지면서 슬그머니 자신의 본색을 드러내는 추태들이 속속 보도되고 있다. 물체의 색이란 본디 태양 등의 광원에서 물체의 표면에 다다른 빛 가운데 물체가 흡수하지 않고 반사한 빛을 우리 눈이 색으로 감지하는 것이다. 그렇다면 본인이 받아들이지 않고 반사한 색을 과연 본색이라 할 수 있을까? 추태와 더불어 드러나는 색이 본색은 아니라고 믿고 싶다. 그저 권력이나 재력 같은 외부 광원에 눈이 부셔 본의 아니게 허영의 색을 반사한 것이라 믿고 싶다. 그게 만일 본색이라면 삶이 너무 불쌍하고 허무하다.

나눔과 베풂

아내는 나더러 자꾸 짠돌이라며 놀린다. 돈 쓰는 데 인색하고 남을 배려하거나 통 크게 베풀 줄 모른단다. 사실 이런 아내의 지적은 대체로 옳다. 사람들을 불러 모아 거나하게 술을 사본 지 오래다. 나 자신을 위해 좋은 옷이나 물건을 사는 일도 거의 없고 남에게 선물도 잘하지 않는다. 그러니 내가 베풀 줄 모르는 건 맞다. 그런데 곰곰이 생각해보면 나는 베푸는 것 자체를 어색해하고 불편해하는 것 같다. 베풂은 주고받는 주체가 분명한 행위이다. 주는 자가 있고 받는 자가 있다. 막상 베풀려고 하면 어느덧 '가진 자'가 되어 있는 나 자신이 너무나 어색하다.

나눔은 베풂과 사뭇 다른 행위이다. 나눔은 애당초 가진 자와 가지지 못한 자를 만들지 않을 수 있다. 나는 나누기는 훨씬 편하게 하는 편이다. 이건 사실 나만 그런 게 아니다. 진화경제학자들의 최후통첩게임 ultimatum game 실험에 따르면 선진국 사람들은 상대에게 대개 20~50퍼센트를 나눠준다. 일단 남과 나눠 가지면 내 것을 마음 편히 움켜쥘 수 있어 좋다. 어쩌면 이게 자본주의의 탈을 쓴 전형적인 위선일지 모르지만, 나는 어쩌다 보니 내가 가진 자가 되어 있는 이 현실이 과연 정당화될 수 있는지에 대한 확신이 없어 늘 불편하다.

18대 대선에서 속칭 진보와 보수 진영 양쪽에서 부르짖었던 경제 민주화 또한 나는 베풂보다는 나눔을 그 핵심에 둬야 한다고 생각한다. 미국의 독점금지법antitrust law을 비롯한 선진국의 자유경쟁법competition law은 모두 나눔의 공정성에 초점을 맞추고 있다. 이미 잔뜩 끌어모은 대기업더러 뒤늦게 뱉으라고 할 게 아니라 애당초 혼자 독식할 수 없는 기업생태계를 구축해야 한다. 경쟁자가 거의 다 제거된 생태계는 다양성을 잃어 천재지변이나 병원균 등 외부의 침입에 취약해진다. 자연생태계에서 지나친 독점은 끝내 파멸을 부른다. 인간 세계라고 해서 크게 다르지 않으리라.

나아갈 진進

중국은 2006년부터 해마다 누리꾼들이 투표로 뽑은 '올해의 한자年度漢字'를 발표한다. 2013년에는 '나아갈 진進'이 뽑혔다. 이제 세계를 향해 거침없이 나아가겠다는 중국의 포부와 자신감이 묻어난다. 그 거침없는 발걸음이 앞으로 또 얼마나 많은 미세먼지를 일으킬지 바로 옆 나라에 사는 나로서는 적이 불편하다.

'나아갈 진進'과 더불어 우리를 불편하게 만들기는 일본도 마찬가지다. 서양의 근대 문명이 동아시아로 전달되는 과정에서 온갖 학술 용어들을 세심하게 번역한 일본의 공이 결코 적지 않지만 'evolution'을 '진화進化'라고 번역한 것은 지극히 경솔했다고 생각한다. 그렇지 않아도 진화가 진정 진보進步의 과정인가에 대한 논박이 끊이지 않았건만 어쩌자고 떡하니 '나아갈 진進'을 붙였는지 이해하기 어렵다.

진보의 개념은 목적을 내포한다. 하지만 생물의 진화에는 목적성이나 방향성이 없다. 다윈은 원래 'evolution'이라는 용어도 사용하기 꺼렸다. "미리 예정되어 있는 것을 펼쳐 보인다"는 의미를 지닌 그리스어 'evolvere'에서 파생되어 나온 단어였기 때문이다. 생명의 역사를 돌이켜보면 복잡한 생물들이 대체로 단순한 생물들로부터 진화한 것은 사실이나 모든 단순한 생물의 구조가 언제나 복잡해지는 방향으로 진화한 것은 아니다. 시간이 흐름에 따라 이전보다 복잡한 생물들도 등장한 것이지 모든 생물이 죄다 복잡해지는 방향성을 지니는 것은 결코 아니다.

2002년에 타계한 하버드 대학교의 고생물학자 스티븐 제이 굴드는 그의 저서 『생명, 그 경이로움에 대하여』에서 진화의 역사가 궁극적으로 인류의 출현을 위하여 기획된 진보의 과정이 아니라고 단언한다. 그는 만일 우리가 지구의 역사를 담은 영화를 처음부터 다시 찍는다면 마지막 장면에 인간이 또다시 등장할 확률이 얼마인가 묻고는 스스로 영(0)에 가까울 것이라고 대답한다. 인간을 위해 봄부터 소쩍새가 운 것도 아니고 천둥이 먹구름 속에서 그렇게 울어댄 것도 아니다. 인간은 그저 우연의 산물일 뿐이다.

2

자연 본색, 인간 본색

인간 동물 생명 공존

○——— 개미와 인간의 시소 놀이

어느 날 인간과 개미가 시소 놀이를 하기로 했다. 하지만 70킬로그램의 인간과 5밀리그램의 개미 사이의 놀이는 시작조차 하기 힘들었다. 그래서 각자 친구들을 부르기로 했다. 급기야 시소 한쪽에는 72억 명의 인간이 올라탔고 반대쪽으로는 개미들의 행진이 끝없이 이어졌다. 징수와 징병 등 다양한 목적으로 비교적 완벽하게 해온 인구 조사 덕택에 인간의 숫자는 얼추 알고 있지만, 과연 개미가 몇 마리나 사는지는 사실 가늠하기 어렵다. 싱겁게 끝날 줄 알았던 시소 놀이는 시간이 흐르면서 서서히 개미 쪽으로 기울더니 예상 밖의 결과가 나타났다. 인간은 끝내 발을 다시 땅에 딛지 못하고 말았다.

어느 곤충학자의 추정에 따르면 지구에 현존하는 곤충은 줄잡아 1백경(10^{18}) 마리쯤 될 것이란다. 그중 개미를 약 1퍼센트로만 잡아도 그 수는 무려 1경(10^{16})에 이른다. 5밀리그램에 1경을 곱한 값이 70킬로그램에 72억을 곱한 값의 거의 정확하게 10배다. 한 마리만 놓고 보면 인간의 손톱 밑에서 하릴없이 죽임을 당하는 미물이지만 그들이 모두 모이면 인간보다 훨씬 더 무거운 존재가 된다. 개미와 인간은 이 지구생태계를 양분하고 있는 두 지배자다. 기계문명 세계의 지배자는 당연히 우리 인간이다. 그러나 기계문명 사회에서 한 발짝이라도 벗어나 자연생태계로 들어서면 그곳의 지배자는 단연 곤충이며 그중 가장 성공한 곤충이 바로 개미다. 개미는 인간이 정복한 거의 모든 곳에 공존한다. 심지어는 우리가 살려고 지은 고층 아파트 안까지 들어와 함께 산다. 개미가 아직 입주하지 못한 곳은 극지방과 만년설이 덮여 있는 산꼭대기 그리고 바닷속 정도다.

개미는 무척추동물이고 인간은 척추동물이라는 사실만 보더라도 우리는 진화의 역사에서 매우 다른 길을 걸어왔다. 그럼에도 불구하고 성공의 비결을 들여다보면 어쩌면 이리도 비슷한지 놀랄 따름이다. 둘 다 농사를 짓고 가축을 기르며 노동 효율을 극대화하려 분업 제도를 개발했고 이웃 나라에서 노예를 납치하여 부려 먹는다. 도대체 누가 누구의 답을 베낀 것일까?

어순과 띄어쓰기

동물의 의사소통 메커니즘을 연구하는 학자들은 그동안 새들의 노래를 분석하는 데 엄청난 시간을 할애했다. 그런데 새들의 노래는 듣기에는 매우 아름답고 화려하지만 정작 그 의미는 지극히 단순하고 한결같다. 새들 세상에서 노래는 거의 예외 없이 수컷이 부르는데 종마다 제가끔 곡명은 달라도 모두 "나랑 결혼해주오," 즉 사랑의 세레나데다.

새들의 노래는 지방에 따라 약간의 사투리가 있긴 해도 특별히 배우는 게 아니라 어른 수컷이 되면 누구나 본능적으로 거의 똑같이 부른다. 암컷들은 그 길고 복잡한 멜로디를 음절 단위로 쪼개어 적당히 뒤섞어 들려줘도 대충 알아듣는다. "나랑 결혼해주오"든 "결혼해주오 나랑"이든 어순은 그리 중요하지 않다. 반면 띄어쓰기는 매우 중요하다. "아버지가 방에 들어가신다"와 "아버지 가방에 들어가신다"는 확실히 구분한다는 말이다. 새들의 노래방에서는 박자만 확실히 지키면 얼마나 힘 있고 줄기차게 질러대느냐가 관건이다. 우리도 노래방에서 대체로 그렇지만.

최근 스위스와 영국 생물학자들이 호주의 밤색머리 꼬리치레가 음소音素 혹은 단어라고 간주할 수 있는 음 단위를 조합하여 의미를 전달한다는 사실을 밝혀냈다. 그 자체로는 아무 의미가 없는 음 단위 '가'와 '나'를, 예를 들어 "가나"로 이어 부르면 하늘을 날면서 다른 동료들을 불러들이는 신호가 되고 "나가나"로 조합하면 새끼들에게 밥 먹을 시간을 알리는 신호가 된다. 이런 점에서 밤색머리 꼬리치레는 노래song를 부르는 게 아니라 의사를 전달하기 위해 소리call를 지르는 것이다.

그동안 단어를 조합하여 의미를 생성하는 방식은 오로지 인간만 구사하는 줄 알았는데, 이번에 처음으로 다른 동물의 언어에도 존재한다는 사실이 밝혀진 것이다. 그렇다면 우리가 하는 까치 연구에서도 이제 어순을 분석할 필요가 있을 듯싶다. 수다로 치면 까치도 앵무새나 꼬리치레 못지않은 만큼 분명히 뭔가 엿들을 게 있을 것이다. 이쯤 되면 언어는 동물의 노래가 아니라 소리로부터 진화한 게 분명해 보인다.

잔인한 계절, 봄

기후변화의 영향으로 철새들은 점점 더 이른 봄에 돌아오는데 정작 봄은 영 안정을 찾지 못해 걱정이다. 봄은 분명 예전보다 일찍 시작하건만 선뜻 자리를 내주기 싫어하는 겨울 때문에 날씨의 널뛰이 너무 심하다. 우리는 대개 강남 갔던 제비가 돌아오거나 보리밭 저편에서 하늘 높이 날아오르는 종다리의 노래가 들리면 드디어 봄이 왔다고 느끼는데, 독일 사람들에게는 뻐꾸기의 노래가 봄의 전령이란다. 하지만 뻐꾸기 소리는 내게 이른 봄 겨울잠을 깨우는 싱그러움보다는 오히려 농익은 늦은 봄의 나른함을 안겨준다. 19세기 영국의 작곡가 프레더릭 딜리어스Frederick Delius도 나랑 비슷하게 느꼈던 모양이다. 「봄날 첫번째 뻐꾸기 소릴 들으며」를 듣노라면 어김없이 스르르 눈이 감긴다.

뻐꾸기는 스스로 둥지를 틀지 않고 개개비 같은 새들에게 업둥이를 맡기는 걸로 유명하다. 나무 위에 앉아 있는 뻐꾸기를 올려다보며 매인 줄 착각한 적이 종종 있었다. 배의 깃털 무늬가 새매를 쏙 빼닮았기 때문이다. 날개를 펴고 강하하는 모습은 더더욱 그렇다. 최근 케임브리지 대학교 연구진은 개개비가 뻐꾸기를 매로 착각하여 둥지를 버리고 달아난 틈에 잽싸게 알을 낳고 사라지는 뻐꾸기를 관찰했다. 나는 이런 상상을 해본다. 나른한 뻐꾸기 수컷의 노래에 최면이라도 걸린 듯 졸던 개개비가 갑자기 날아드는 암컷 뻐꾸기를 매로 알고 화들짝 놀라 둥지를 내팽개치며 달아나는 건 아닐까? 어미 새들이란 원래 매가 출몰하면 들키지 않으려고 몸을 더욱 웅크리기 마련인데 넋 놓고 있는 틈에 갑자기 날아드는 매에 속수무책으로 당하는 게 아닐까.

「봄은 고양이로다」에서 이장희 시인은 고양이의 입술에서 나른한 봄날을 읽어낸다. "고요히 다물은 고양이의 입술에/포근한 봄 졸음이 떠돌아라." 그러나 이어진 소절에는 봄의 반전이 기다린다. "날카롭게 쭉 뻗은 고양이의 수염에/푸른 봄의 생기가 뛰놀아라." 시인의 고양이도 어쩌면 뻐꾸기와 개개비의 소리를 차례로 듣고 있었나 보다.

○—— 코끼리와 수신호

"코끼리 아저씨는 코가 손이래. 과자를 주면은 코로 받지요"라는 동요를 누구나 한번쯤은 불러봤을 것이다. 노래 가사처럼 코끼리는 코를 거의 손처럼 사용한다. 먹을 것을 코로 집어 입으로 가져가고 심지어는 코를 컵처럼 사용하여 물을 들이켜 입에 넣기도 한다. 우리가 반가운 사람을 만나면 악수를 하듯이 코끼리들도 서로 코를 감아쥐며 입 언저리를 쓰다듬는다. 굵은 통나무를 들어 올릴 정도로 세지만 지푸라기 한 올을 집을 만큼 섬세한 코끼리의 코를 모방하여 기중기를 개발하려는 의생학擬生學 연구가 한창이다.

그런가 하면 에버랜드 동물원에 사는 아시아코끼리 '코식이'는 자신의 사육사 목소리를 흉내 내어 '누워' '앉아' 등 동작 관련 단어는 물론, '좋아' '아직' '안 돼'와 같은 감정 표현의 단어도 구사한다. 흥미롭게도 인간의 언어를 모방하는 능력은 앵무새, 구관조, 까치 등 새들에서는 종종 관찰되었지만 정작 같은 포유류에서는 코끼리가 처음이다. 이 연구 결과는 2012년 세계적 학술지 『커런트 바이올로지 *Current Biology*』에 발표되었다.

그 후 『커런트 바이올로지』에는 코끼리가 인간의 수신호를 이해한다는 연구 결과도 발표되어 또다시 학계의 주목을 받고 있다. 영국 세인트앤드루스 대학교 연구진은 인간 수신호에 대한 훈련을 전혀 받지 않은 코끼리가 사육사가 손으로 가리키는 통을 선택하여 먹이를 찾아 먹는 행동을 관찰했다. 그동안 침팬지와 돌고래에서 비슷한 행동이 관찰되었지만 아직 확실하게 검증되지 않은 상태라 이 부문에서도 코끼리가 일등을 한 셈이다.

코끼리 뇌의 무게는 평균 5킬로그램으로 인간 뇌의 세 배가 넘으며 체중 대비 크기로도 돌고래와 인간의 뒤를 바짝 쫓는다. 코끼리는 기억력이 워낙 탁월해 장거리 이동 중에도 자기 어머니의 두개골이 놓여 있는 곳을 찾아와 한참 시간을 보내는 걸로 알려져 있다. 조만간 코끼리가 아예 자기들끼리 코로 신호를 주고받는다는 관찰 결과가 나온다 해도 나는 조금도 놀라지 않을 것이다. "코끼리 아저씨는 코가 손이래. 과자가 있는 걸 코로 알리죠."

인간 유일?

2014년 국제 신경과학 학술지 『뉴런 *Neuron*』에는 영국 옥스퍼드 대학교 연구진이 다른 영장류와 달리 인간의 뇌에만 존재하는 독특한 부위를 찾았다는 연구 결과가 실렸다. 인간을 비롯한 영장류 두뇌에서 전두 피질의 복부 측면은 미래를 기획하거나 중요한 결정을 내리는 과정에 관여한다. 각각 25명의 인간과 마카크 원숭이의 뇌를 자기공명영상MRI 기법으로 비교해보았더니 12부위 중 11부위는 비슷하나 한 부위는 오로지 인간의 뇌에서만 발견되었다. 그런데 바로 이 부위가 '멀티태스킹 multitasking'을 포함한 고도의 인지와 언어 능력을 조정하는 부위라는 것이다.

예로부터 인간은 늘 우리가 다른 동물과 어떻게 다른가를 얘기하느라 바쁘다. 그래서 때론 "인간은 이런데 동물은 이렇다"는 식으로 얘기한다. 마치 인간은 동물이 아니라는 것처럼. 그렇다고 우리가 식물이나 무생물도 아니건만. 인간도 엄연한 동물이다. 척삭동물문, 포유강, 영장목, 사람과에 속하는 동물이다. 게다가 우리와 가장 가까운 침팬지와는 유전자를 98.6퍼센트나 공유하는 것으로 드러났다.

'생각한다, 그러므로 존재한다'는 명제를 남긴 근대 철학의 아버지 데카르트는 세상이 정신과 물질의 두 실체로 이뤄져 있다고 보았다. 그에 따르면 인간만이 정신과 물질이 한데 어우러진 존재이고 다른 모든 생물은 오로지 물질로만 구성되어 있다. 철학과 수학보다 어떤 면으로는 해부학과 생리학에 더 심취해 있던 그는 당시 인간의 뇌에서만 발견된 송과체松果體, pineal gland를 '영혼의 자리seat of soul'로 규정했다. 그러므로 오로지 인간만이 영혼을 지닌다고 설명했다.

머지않아 송과체는 다른 여러 동물의 뇌에서도 발견되었다. 하지만 데카르트는 이에 대해 일언반구 없이 세상을 떠났다. 이 세상 모든 생명이 DNA의 역사로 이어져 있는 마당에 인간만이 유일하다는 주장은 결코 쉽게 할 게 아니다. 이번에 발견했다는 그 '유일한' 부위도 언제 어느 다른 영장류에게서 불쑥 튀어나올지 아무도 장담하지 못한다.

○——— 판 하빌리스

1961년 11월 4일 '다윗' 그레이비어드David Greybeard와 '골리앗Goliath'은 나뭇가지를 꺾어 잔가지들을 쳐내며 무언가를 열심히 만들고 있었다. 이윽고 그들은 매끈하게 잘 다듬어지고 적당히 구부러진 가지를 흰개미 굴속으로 조심스레 밀어 넣었다. 잠시 후 다시 끄집어낸 가지에는 흰개미들이 줄줄이 들러붙어 있었다. 그러자 그들은 나뭇가지 낚싯대에 매달린 흰개미들을 입술과 혀로 날름날름 집어 먹었다. 인간이 아닌 침팬지가 도구를 사용한다는 최초의 발견이었다. 약 50여 년 전 이 현장을 목격하여 과학계에 알린 최초의 인물이 바로 세계적인 침팬지 연구가 제인 구달이다.

제인 구달을 아프리카에 보내 침팬지를 연구하게 한 인류학자 루이스 리키Louis Leakey는 그의 동료들과 함께 1960년 동아프리카 올두바이에서 발견한 인류 화석을 분석한 결과, 그들이 석기 도구를 제작하여 사용했다는 결론을 내리고 '손재주가 있는 사람'이라는 뜻의 호모 하빌리스*Homo habilis*라는 학명을 붙였다. 하지만 제인 구달의 발견 소식을 접한 리키 박사는 "이제 우리는 도구와 인간의 정의를 다시 내리거나, 아니면 침팬지를 인간으로 받아들여야 한다"고 말한 것으로 전해진다. 도구를 제작하여 사용하는 침팬지 '판 하빌리스*Pan habilis*'의 등장은 인간의 존재 의미를 되돌아보게 만든 위대한 발견이었다.

현장에서 20여 년간 침팬지 연구에 전념해온 제인 구달 박사는 1986년 11월 시카고에서 열린 침팬지 학회에서 아프리카 전역에 걸쳐 침팬지들이 얼마나 심각한 멸종 위기에 놓여 있는지 깨닫고 기꺼이 역마살 인생을 시작한다. 매년 300일 이상 비행기를 타고 세계 각국을 돌며 침팬지를 비롯한 야생생물 보존의 필요성을 호소하고 있는 것이다. 충남 서천 국립생태원은 팔순이 넘은 나이에도 생명의 소중함을 알리려 지구촌 곳곳을 찾아다니는 제인 구달을 기리기 위해 '제인 구달의 길'을 만들었다. 그 길을 함께 걸으며 제인 구달의 생명철학에 흠뻑 젖어보시기 바란다.

○——— 솔제니친과 개미

『개미제국의 발견』을 읽은 독자라면 알고 있겠지만, 내가 사회생물학이라는 학문을 전공하게 된 배경에는 알렉산드르 솔제니친이 있었다. 지금은 과학자로 살고 있지만 고등학생 시절 나는 속절없이 신춘문예 열병을 앓던 문학청년이었다. 1970년 노벨문학상 발표가 나기 무섭게 출간된 솔제니친 전집에서 『수용소 군도』와 『이반 데니소비치의 하루』를 읽어 내려가던 나는 책의 뒷부분에서 「모닥불과 개미」라는 짤막한 수필을 만났다.

"활활 타오르는 모닥불 속에 썩은 통나무 한 개비를 집어 던졌다. 그러나 미처 그 통나무 속에 개미집이 있었다는 것을 나는 몰랐다. 통나무가 우지직 타오르자 별안간 개미들이 떼를 지어 쏟아져 나오며 안간힘을 다해 도망치기 시작했다. 그들은 통나무 뒤로 달리더니 넘실대는 불길에 휩싸여 경련을 일으키며 타 죽어 갔다. 나는 황급히 그 통나무를 낚아채서 모닥불 밖으로 내던졌다. 다행히 많은 개미들이 생명을 건질 수 있었다. (……) 그러나 이상한 일이다. (……) 가까스로 그 엄청난 공포에서 벗어난 개미들은 방향을 바꾸더니 다시 통나무 둘레를 빙글빙글 맴돌기 시작했다. 무엇이 그들로 하여금 자기 집으로 다시 돌아가게 만드는 것일까? 많은 개미들이 활활 타오르는 통나무 위로 기어 올라갔다. 그러고는 통나무를 붙잡고 바둥거리면서 그대로 거기서 죽어 가는 것이었다."

이 같은 일개미들의 자기희생, 즉 이타주의는 바로 사회생물학의 핵심 질문이다. 내가 이 질문에 답하려 하버드 대학교에 머물던 내내 미국으로 망명한 솔제니친은 바로 옆 버몬트 주에 살았다. 1994년 나는 15년간의 미국 생활을 청산하고 귀국했고 같은 해 그도 러시아로 귀환했다. 억지로 내 삶을 그의 삶에 엮으려는 내 유치한 노력은 여기서 끝나지 않는다. 1918년 12월 11일은 그가 태어난 날이다. 할아버지가 늦게 신고하는 바람에 호적에는 내 생일이 이듬해 1월로 적혀 있지만 거슬러 계산해보면 실제 내 생일도 12월 11일로 나온다. 설령 이 추산이 잘못되었더라도 나는 위대한 작가 솔제니친과 같은 날 태어났노라 끝까지 박박 우기련다.

프레리도그의 파도타기

공동체 생활을 하는 사회성 동물들은 늘 감염성 질환에 노출되어 있고 서열에 따른 사회적 불이익을 겪기도 하지만, 먹이를 찾거나 적으로부터 자신을 보호하는 데에는 결정적으로 유리하다. 혼자 살면 적이 다가오는지 살피면서 먹이를 찾아야 하지만 여럿이 함께 살면 누군가 망을 보는 동안 편안히 먹이를 찾을 수 있다. 망을 보던 동물이 적의 출현을 알리는 경고음을 내면 다른 동물들은 재빨리 몸을 숨긴다. 이때 경고음을 낸 동물은 스스로 자신의 위치를 노출시키는 자기희생, 즉 이타적 행동을 하는 것이다.

미국 중서부 초원에서 굴을 파고 사는 프레리도그prairie dog는 좀 독특한 행동을 보인다. 한 마리가 두 발로 꼿꼿이 선 채 짖기 시작하면 다른 동물들도 차례로 벌떡벌떡 일어서며 소리를 지른다. 이 모습은 마치 우리가 축구 경기를 보며 파도타기 응원을 하는 것과 흡사하다. 생물학자들은 그동안 이를 자기 영역을 공표하는 일종의 단체 행동이라고 생각했다. 그러나 캐나다 매니토바 대학교 연구진은 이것이 동료들의 경계 태세를 다잡는 행동이라는 관찰 결과를 발표했다.

연구진은 이 같은 '파도'가 얼마나 오래 지속되었는지, 얼마나 많은 개체가 얼마나 빨리 동참했는지 등을 측정했다. 흥미롭게도 소리의 파도가 길게 이어지고 충분히 많은 개체들이 동참하기 시작하면 처음 시작한 개체들은 안심하고 먹이 활동을 재개한다. 파도타기를 한 번에 모두 동참하여 화끈하게 끝내면 곧바로 다시 경기에 집중할 수 있지만, 그렇지 않으면 몇 번이고 반복하며 응원 태세를 다잡는 우리의 행동과 상당히 흡사해 보인다.

충남 서천 국립생태원의 실내전시관 에코리움Ecorium에는 이 귀여운 프레리도그들이 여러분을 맞을 준비를 하고 있다. 허구한 날 바로 코앞에서 관람객들을 마주하고 사는 녀석들이라 이 같은 소리의 파도 행동을 보여줄 것 같지는 않지만 그들의 귀여움에는 충분히 매료될 것이라 확신한다.

○——— 생물의 방어

박쥐는 칠흑 같은 밤에도 초음파를 발사해 그것이 물체에 반사되어 돌아오는 걸 감지하여 장애물도 피하고 나방도 잡아먹는다. 그런가 하면 박쥐의 초음파에 쏘인 나방은 박쥐가 자기를 겨냥하고 있다는 걸 알아차리고 갑자기 예측불허의 행동으로 박쥐를 혼란에 빠뜨린다. 지그재그로 날거나 불규칙한 나선을 그리며 땅으로 곤두박질친다. 그러면 박쥐는 박쥐대로 나방의 행동을 예측하며 진로를 수정한다. 예측이 맞아떨어지면 배를 채우지만 그렇지 못하면 굶는다. 포식자와 피식자는 오늘도 이렇듯 쫓고 쫓기는 공진화의 곡예를 하며 산다. '역동적인 대한민국dynamic Korea'이라 했던가. 자연이야말로 진짜 역동적인 곳dynamic Nature이다.

자연은 먼 옛날 벌어진 진화의 결과에 따라 각본대로 움직이는 곳이 아니다. 자연의 생물들은 지금 이 순간에도 살아남기 위해 할 수 있는 온갖 노력을 다한다. 꼬마물떼새는 강변 자갈밭에 알을 낳는다. 언뜻 보면 자갈과 구별하기 어려운 모양과 색을 지닌 알을 낳기 때문에 어미 새는 종종 먹이를 구하러 둥지를 비울 수 있다. 그러나 알에서 새끼가 깨어나면 허구한 날 둥지에 앉아 그들을 품어야 한다. 이때 둥지를 향해 위협적인 존재가 다가오면 어미 새는 상황에 따라 다른 적응 행동을 보인다.

어미 새는 일단 몸을 최대한 웅크리고 숨는다. 그러나 들켰다고 생각하면 홀연 저만치 날아가 날개가 부러져 잘 날지 못하는 척 거짓 행동을 연출한다. 이 무슨 횡재냐며 천천히 접근하는 포식자를 점점 더 둥지로부터 멀리 유인하다가 마지막 순간에 날아 도망친다. 영특한 꼬마물떼새 어미의 행동은 여기서 그치지 않는다. 만일 여우나 고양이 같은 포식동물이 아니라 소나 말이 둥지로 다가오는 경우에는 초식동물에게 날개가 부러졌다는 사기를 쳐본들 소용이 없다는 걸 아는 듯 둥지 위에 꼿꼿이 서서 홰를 치기 시작한다. 제발 자기 둥지를 밟지 말아 달라고.

이러한 먹고 먹힘이 자연생태계에만 존재하는 것일까? 기업생태계에도 늘 벌어지고 있다. 기업들이 자연의 동식물처럼 살아남기 위해 서로 공격하고 방어하며 때로 손을 잡기도 하는 걸 보면 생태계를 닮았다. 박쥐와 나방 그리고 꼬마물떼새의 삶에 뜻밖의 경영 지혜가 숨어 있을지 모른다.

나는 사회생물학자

어느덧 내가 15년간의 미국 생활을 접고 귀국하여 교수 생활을 시작한 지 얼추 20년이 지났다. 서울대학교 대학원에 진학한 해가 1977년이니 학자의 길을 걸은 지는 어언 40년 가까이 된다. 몇 년 전 독일 콘스탄츠 대학교에서 수십 년 동안 오로지 시클리드 물고기만 연구해온 친구가 내 연구실을 찾았다. 평생 이른바 한 우물만 파온 그는 어느덧 유럽 생물학계의 거물이 되었다. 그의 성공을 바라보며 '가지 않은 길'에 대한 회한을 숨길 수 없었다.

변명처럼 들리겠지만 행동생태학의 불모지인 이 땅에 돌아와 학생들의 다양한 학업 욕구를 무시한 채 나만의 연구 주제를 고집하기는 매우 어려웠다. 그래서 일찌감치 '나'를 버리고 거름이 되기로 작정했다. 박사학위 과정에서는 민벌레나 개미 같은 곤충 사회를 연구했지만 교수가 된 이후에는 학생들과 함께 말벌, 바퀴벌레, 귀뚜라미, 거미, 농게, 망둑어, 개구리, 조랑말, 까치 등을 연구하다 최근에는 영장류와 돌고래에 이르기까지 실로 다양한 동물의 행동과 생태를 연구해왔다. 그러다 보니 내 연구 논문 목록은 그야말로 산지사방, 중구난방이다. 그러나 곰곰이 생각해 보니 내 학자 생활 중 쥐의 난자를 키우며 발생 실험을 하던 서울대 대학원 시절과 알래스카 바닷새의 체외기생충 군집생태학을 연구한 펜실베이니아 주립대 시절을 제외한 나머지 30여 년 동안 내 연구의 키워드는 올곧게 '사회society'였다. 비록 연구 동물은 늘 달랐지만 나 역시 줄기차게 한 우물을 파온 생물학자였다.

사회란 한 종species으로만 이루어진 집단을 일컫는다. 사회의 성원들은 일단 각자에게 득이 되기 때문에 모여들지만 함께 살다 보면 어쩔 수 없이 온갖 이해관계에 휘말리게 된다. 사회생물학은 바로 이런 관계의 역학을 연구하는 학문이다. 인문학과 사회과학도 결국 인간이라는 영장류의 사회와 문화를 연구하는 학문이다. 내가 생물학에서 시작하여 궁극적으로 통섭을 주창하기에 이른 데에는 다 그럴 만한 태생적 배경이 있었다.

○——— 바이러스 따위

1990년대 초반 박사학위를 받은 후 이 대학 저 대학에 인터뷰하러 다니던 시절이었다. 우리나라 대학은 어느 날 하루 지원자들을 불러 세미나를 하게 하고 교수들이 질문 몇 개를 던진 다음 덜컥 신임 교수를 뽑지만, 미국에서는 지원자가 2~3일 동안 머물며 세미나도 하고 교수들과 밥도 여러 차례 먹고 때론 대학원생들 파티에도 불려간다. 따지고 보면 배우자보다 더 많은 시간을 함께 지낼 사이인 만큼 실력은 물론 다양한 상황에서 인품도 꼼꼼히 살피기 위함이다.

1991년 겨울 오리건 주 포틀랜드에 있는 리드 칼리지에 갔을 때 일이다. 캠퍼스 근처에 있는 민박형 숙박 시설에 묵었다. 둘째 날 아침 식당으로 내려와 식사 준비를 하고 있던 주인아주머니에게 밝게 아침 인사를 건넸다. 그런데 나는 분명히 입을 벌리고 "굿모닝, 캐런"이라 말했건만 내 입에서는 아무런 소리도 흘러나오지 않았다. 그래서 다시 한 번 인사말을 했건만 이게 웬일인가? 그저 약간 쉿소리만 들릴 뿐이었다. 밤새 급성 후두염에 걸린 것이었다. 그날 오후에 나는 세미나를 하기로 되어 있었다. 짐작하겠지만 물론 나는 그 대학의 교수가 되지 못했다.

후두는 인두 바로 아래에 위치하며 코와 입으로 들어온 공기에

습기를 제공하고 이물질을 걸러내는 역할을 하는 호흡기관이다. 후두에 염증이 생겨 부으면 호흡이 어려워져 자칫 죽음에 이를 수도 있다. 또한 후두는 성대를 싸고 있어 후두염에 걸리면 쉰 목소리가 나거나 심하면 아예 소리를 낼 수 없게 된다. 얼마 전 일도 많고 해외 출장도 잦아서 그랬는지 거의 20년 만에 다시 후두염에 걸렸다. 통증과 기침은 그리 심하지 않았지만 목소리를 잃어 어렵게 잡았던 강연 일정이 줄줄이 무너지고 말았다. 목소리를 잃더라도 글로 쓰거나 몸짓으로 의사소통을 할 수는 있지만 지극히 제한적일 수밖에 없다. 성대의 연골과 근육을 둘러싸고 있는 얇은 점액질 막의 떨림이 이처럼 대단하게 내 삶을 좌지우지하다니. 그리고 그게 눈에 보이지도 않는 바이러스 따위의 농간 때문이라니.

살인 진드기?

1980년대 후반 연구차 내가 머물던 스미스소니언 열대연구소는 진드기 천국이었다. 파나마 운하가 만들어지며 예전에 산봉우리였던 곳이 섬으로 변하면서 졸지에 오도 가도 못하게 된 맥, 긴코너구리, 페커리 돼지 같은 포유동물들이 법으로 보호까지 받게 되자 개체 수가 급증하기 시작했다. 그러자 그들의 몸에 들러붙어 피를 빠는 진드기들도 덩달아 폭발적으로 늘어난 것이다.

자칫 무료해지기 쉬운 연구소의 삶에 활력을 불어넣기 위해 우리는 늘 새로운 놀이를 고안해 함께 즐기곤 했다. 우리끼리 '틱카운트tick count'라 부르던 내기가 있었는데 초 단위로 시간을 재는 게 아니라 말 그대로 진드기의 숫자를 세는 내기였다. 하루 연구를 마치고 숲에서 돌아오면 각자 몸에 들러붙은 진드기를 청 테이프로 떼어내 식당 문 앞에 매달기로 했다. 제일 많은 진드기를 매단 사람에게 캔 맥주 하나를 상품으로 주기로 했는데 아마 내가 가장 맥주를 많이 마신 연구자가 아니었나 싶다. 나는 주로 수풀 바닥에 쓰러져 썩어가는 나무둥치를 뒤져야 했고 그곳이 바로 진드기가 가장 좋아하는 은신처였기 때문이다. 내 청 테이프에는 거의 매일 적어도 삼사백 마리의 진드기들이 매달려 있었다.

몇 년 전부터 '살인 진드기'가 우리 사회를 때아닌 공포로 몰아

넣고 있다. 세계적으로 2만 종 이상 알려진 진드기류는 크기가 훨씬 작고 다양한 응애mite와 진드기tick로 나뉜다. 진드기는 입의 위치와 몸의 단단한 정도 등에 따라 참진드기hard tick와 연진드기soft tick가 있다. 부쩍 발병 빈도가 높아지고 있는 쓰쓰가무시병은 흔히 '털진드기' 때문이라고 알려져 있지만 사실 응애가 옮기는 병이고, 문제가 되고 있는 중증열성혈소판감소증후군은 주로 소에 기생하는 '작은소참진드기'가 일으키는 증상이다.

이미 이 증후군으로 사망한 환자까지 나온 상황에서 전혀 염려할 필요 없다고 말하는 것은 결코 아니지만 다짜고짜 '살인'이라는 끔찍한 수식어를 붙인 까닭이 무엇인지 의아하다. 지나치게 호들갑스러운 양치기 소년 같다. 매년 수십만 명의 목숨을 앗아가는 말라리아 열원충을 옮기는 얼룩날개모기에게도 아직 '살인모기'라는 낙인을 찍지 않았는데 말이다.

○──── 길앞잡이의 유혹

뜨거운 여름이 되면 저절로 떠오르는 연극이 있다. 우선 제목부터 기가 막힌 「뜨거운 양철 지붕 위의 고양이」. 「유리 동물원」과 「욕망이라는 이름의 전차」와 더불어 극작가 테네시 윌리엄스의 대표작이다. 유산을 물려받기 위해 불행한 부부 관계를 유지하려 안간힘을 다하는 여주인공을 보며 태양이 작열하는 양철 지붕 위에서 뜨거워 어쩔 줄 몰라 하며 연신 발을 들어 털어대는 고양이가 저절로 떠오르는 연극. 인간의 욕망보다 더 뜨거운 건 없으리라.

비록 흑백영화이긴 하지만 여름의 뜨거움을 은근하고 지난하게 전해주는 영화로는 1964년 데시가하라 히로시 감독의 「모래의 여자」가 압권이다. 아베 고보의 원작소설을 영화로 각색하여 칸 영화제 심사위원 특별상을 받은 작품이다. 쉬지 않고 모래를 퍼내지 않으면 살아남을 수 없는, 그래서 욕망을 품는 일 자체가 그야말로 과욕인 상황에서도 묵묵히 삶을 이어가는 여인에게서 묘한 정욕을 느끼는 남주인공. 도대체 인간의 욕망은 어디가 끝이란 말인가?

뜨거운 여름의 연상은 나를 「뜨거운 양철 지붕 위의 고양이」에서 「모래의 여자」를 거쳐 애리조나 사막으로 이어준다. 「모래의 여자」를 소설로 읽었거나 영화로 본 사람들은 남주인공을 그저 평범한 곤충학자로만 기억하겠지만, 그는 사실 인적이 드문 해안 사구로 '길앞잡이'라는 곤충을 채집하러 갔다가 헤어날 수 없는 모래 수렁에 갇힌 것이었다. 1981년 여름 나 역시 길앞잡이를 연구하기 위해 애리조나의 치리카후아 사막을 찾았다.

길앞잡이는 애벌레와 성충 시절 모두 다른 곤충을 잡아먹고 사는 대표적인 포식곤충이다. 사람이 다가가면 아주 멀리도 아니고 거듭 쫓아가기 딱 알맞을 만큼만 푸르르 날아간다. 사방을 구별하기 힘든 애리조나 사막에서 나는 길앞잡이의 유혹에 이끌려 점점 더 사막 한가운데로 들어가다 길을 잃은 적이 여러 차례 있었다. 「모래의 여자」의 남주인공도 아마 길앞잡이의 감질나는 이끌림에 해가 지는 줄도 몰랐을 것이다.

어느 날 갑자기 집채처럼 불쑥 다가서는 거대한 욕망은 차라리 거부할 수 있다. 사정거리 안에 있는 작은 욕망들의 이어짐이 더 끊기 어렵다. 금방 놓친 길앞잡이가 저만치 날아가 살포시 등을 지고 내려앉는다. 접을 때를 알아야 욕망을 다스릴 수 있다.

저음의 매력

여성들이 남성의 저음에 매력을 느낀다는 것은 이미 잘 알려진 사실이다. 그런데 문제는 내가 매력적으로 생각하는 남성은 남들도 그리 생각할 가능성이 높다는 데 있다. 2013년 캐나다 맥매스터 대학교 연구진이 발표한 논문에 따르면 여성들은 저음의 남성일수록 바람둥이 성향이 커서 내 곁을 오랫동안 지켜주지 않을 것임을 알면서도 하릴없이 그런 남성에게 끌린단다.

나는 번잡한 대도시에서 혼자 사는 어느 고독한 여인의 일상을 노래한 폴 매카트니의 「어너더 데이Another Day」를 스마트폰 통화 연결음으로 사용한다. "혼자 사는 아파트에서 그녀는 꿈의 남자가 나타나주기를 기다린다. 아아, 함께 있어 줘, 기다리게 하지 말고. 그가 온다. 그가 함께 있어 준다. 하지만 다음 날이면 그는 떠나버린다." 나는 매일 이 노래를 들으며 그 남자는 필경 매력적인 저음을 지녔으리라 상상해본다.

저음이 수컷의 매력임은 이미 오래전에 케임브리지 대학교의 붉은사슴red deer 연구에서 밝혀졌다. 붉은사슴은 능력 있는 수컷이 여러 마리의 암컷을 거느리는 일부다처제 동물이다. 변방에서 떼로 몰려다니며 호시탐탐 암컷에게 접근할 기회를 노리는 버금수컷들이 으뜸수컷의 권위에 도전하는 과정의 첫 단계가 바로 저음 경쟁이다. 다짜고짜 덤벼들었다간 다칠 수 있기 때문에 그 전초전으로 일단 소리를 지른다. 그러면 곧바로 으뜸수컷이 화답하고 두 수컷은 여러 차례 목청 대결을 벌인다. 이 같은 대결이 때론 몸싸움으로 이어지기도 하지만 대개는 으뜸수컷만큼 저음을 낼 수 없는 버금수컷이 슬그머니 꼬리를 내리는 것으로 끝이 난다. 저음을 낼 수 있다는 것은 그만큼 울림통, 즉 몸집이 크다는 걸 잘 알기 때문이다.

우리나라의 원조 '오빠' 가수 남진은 반전 목소리로도 원조 격이다. 노래를 부를 때는 기가 막히게 섹시한 저음을 뽐내지만 그냥 대화할 때는 정감은 넘칠지언정 거의 촐싹대는 수준의 들뜬 전라도 사투리를 쏟아낸다. 내가 이렇게 얘기하면 섭섭하실지 모르지만 그 덕에 이렇다 할 스캔들 없이 오랫동안 스타의 위치에 머물 수 있었는지도 모른다.

남자의 품격

나이가 지긋한 독자라면 한때 팜파탈의 대명사였던 마타 하리를 기억할 것이다. 제1차 세계대전 중 아름다운 미모로 유럽의 사교계를 주름잡았지만 독일과 프랑스 양쪽에 정보를 팔아먹었다는 이중간첩의 누명을 쓰고 1917년 10월 15일 파리 근교에서 총살을 당했다. 12명의 사수射手 앞에서 눈가리개도 거부하고 입고 있던 외투마저 벗어 던진 채 두 눈 부릅뜨고 알몸으로 사형을 맞은 일화는 지금도 많은 이의 입에 오르내린다.

우리나라에서는 1996년 문민정부 시절 무려 2200억 원이 배정된 정찰기 도입 국방사업인 일명 '백두사업'의 입찰 과정에서 미국의 응찰 업체가 고용한 한국계 무기 로비스트 린다 김이 당시 국방부 장관을 비롯한 고위 인사들에게 이른바 '몸 로비'를 했다는 혐의로 기소된 사건이 있었다.

2012년 12월 경남 김해의 한 축사에서 탈출한 황소 두 마리가 9개월 만에 되돌아왔단다. 그동안 10여 차례의 대대적인 포획 노력에도 불구하고 유유히 포위망을 넘나들며 멧돼지 못지않은 농작물 피해를 끼치던 황소들이 마침내 암소를 이용한 유인 작전에 걸려든 것이다. 탈출 당시에는 태어난 지 9개월밖에 안 된 송아지였지만 어느덧 몸무게 350킬로그램의 당당한 황소로 성장했고 야생에 적응하면서 과수원 철조망도 뛰어넘을 정도로 날렵해졌건만 결국 미인계, 더 정확히 말하면 '미우계美牛計'에는 속수무책이었던 모양이다.

동서고금과 인수人獸를 막론하고 수컷이란 동물의 가장 큰 약점은 혼자서는 번식할 방법이 없다는 것이다. 수컷 없이 암컷끼리 단위생식을 통해 자손을 퍼뜨리는 동물은 심심찮게 존재하지만, 이 세상 어디에도 암컷 없이 수컷끼리만 사는 동물은 없다. 제아무리 잘난 수컷이라도 반드시 암컷의 몸을 빌려야 자신의 유전자를 후세에 남길 수 있다. 그래서 수컷은 누구나 성의 노예로 태어난다. 그 노예근성을 얼마나 세련되게 잘 다스리는가가 남자의 품격을 결정한다.

○——— 으악새, 너는 누구냐

"아아~ 으악새 슬피 우니 가을인가요." 고복수 선생이 부른 「짝사랑」의 첫 구절이다. 이 땅의 중년이라면 누구나 가을의 문턱에서 한번쯤 읊조려본 노래지만 정작 으악새가 뭐냐 물으면 속 시원하게 답하는 이가 없다. "뻐꾹, 뻐꾹" 운다고 뻐꾹새요, 연신 "솥 적다, 솥 적다" 울부짖어 소쩍새이니만큼 "으악, 으악" 하며 우는 새려니 하지만 딱히 그리 우는 새가 없다. 하기야 새소리는 듣는 귀에 따라 사뭇 다르긴 하다. 우리 귀에는 닭이 "꼬끼오"라고 우는데 서양 사람들은 한사코 "카커 두들 두Cock-a-doodle-doo"라고 우긴다.

으악새가 왜가리라는 이들이 있다. 일부 지방에서는 실제로 왜가리를 '으악새'라 부른단다. 하지만 왜가리 소리는 "으악, 으악" 하며 다소 늘어지는 두 음절보다는 "왝, 왝" 하며 뚝뚝 끊어지는 단음절 소리에 가깝다. 게다가 마을 어귀 솔숲에 수십 마리가 한데 모여 왝왝거리는 왜가리는 왠지 고즈넉한 가을 정취와는 거리가 있어 보인다.

으악새의 '새'가 볏과 식물을 통틀어 일컫는 말일 수도 있다. 실제로 일부 경기 지방에서는 '으악새'가 '억새'의 방언으로 불린다. 그렇다면 "으악새 슬피 우니"는 가을바람에 억새가 휩쓸리며 내는 스산한 소리를 비유한 표현일 수 있다. 옛날 그리스의 미다스 왕이 아폴론의 노여움을 사 당나귀 귀를 얻었는데 그 비밀을 알게 된 이발사에게 함구 명령을 내렸다. 졸지에 이발사는 평생 모자를 눌러쓰고 살았지만, 입이 근질근질한 것을 견디다 못해 강둑에 구덩이를 파고 그 속에다 "임금님 귀는 당나귀 귀"라고 속삭이는 바람에 강변의 갈대들은 지금도 바람만 불면 그 비밀을 노래한다는 설화가 있다. 강가의 갈대가 노래를 한다면 언덕 위의 억새도 가을을 탈 법하다.

이쯤 되면 으악새란 결국 새가 아니라 풀이려니 하며 「짝사랑」의 2절로 넘어가면 "아아~ 뜸북새 슬피 우니 가을인가요"로 이어진다. 할 수만 있다면 작사가 김능인 선생에게 여쭤보면 좋으련만 언제 어디서 돌아가셨는지 정확한 기록조차 없단다. 으악새야, 너는 도대체 누구냐?

뱀의 다리

세상에 뱀처럼 기이한 동물이 또 있을까 싶다. 무슨 연유로 멀쩡한 다리를 포기하고 평생 기어 다니며 사는 것일까? 지금까지는 약 1억 년 전 중생대 중반에 도마뱀이 다리가 퇴화하며 뱀으로 진화한 것으로 알려져 있었지만 최근 영국에서 1억 6700만 년 전 중생대에 살던 뱀의 화석이 발견되었다. 몸은 이미 지금의 뱀처럼 퍽 긴 원통형을 갖췄지만 여전히 네다리를 지니고 있었다. 레바논과 아르헨티나에서 발견된 1억 년 전 뱀 화석에도 아직 뒷다리가 남아 있는 걸로 보아 초기 뱀은 앞다리부터 포기한 것으로 보인다. 다리를 잃으면서도 뱀은 현재 3,400종으로 분화하여 지구촌 곳곳을 누비고 있다.

우리나라에는 뱀에 관한 흥미로운 속담들이 많다. 뱀과 관련된 속담 중 단연 압권은 "곧기는 뱀의 창자다"라는 속담일 것이다. 겉으로 보기에는 구불구불 어디 하나 곧은 곳이라곤 없어 보이는 동물이지만 온갖 장기들을 일렬로 세워가며 의외로 곧은창자를 지닌 동물이 바로 뱀이다. 오히려 겉보기에는 직립하여 곧아 보이지만 속에는 꼬불꼬불 뒤엉킨 내장을 꾸겨 넣고 사는 우리 인간이야말로 겉과 속이 다른 동물이다.

"개구리 삼킨 뱀 같다"라는 속담도 있다. 배만 불룩하게 튀어나온 사람을 비웃는 표현이지만, 달리 풀이해보면 올바르게 행동하지 않으면 숨길 곳 없이 그대로 드러난다는 뜻으로 이해할 수도 있을 것 같다. 앞으로는 모든 일에 부끄럼 없이 살아야겠다 다짐해본다. "뱀 제 꼬리 잘라먹기"라지만 적어도 손해를 자초하는 짓만큼은 하지 말아야겠다. "뱀이 용이 되어도 뱀은 뱀이다"라는 속담의 교훈을 받들어 자기 주제와 본분을 잃지 않는 사람이 되었으면 한다. "실뱀 한 마리가 온 강물을 흐린다"니 적어도 그런 실뱀은 되지 않도록 몸가짐을 제대로 해야겠다.

우리 집에는 뱀이 세 마리나 산다. 아내와 나는 뱀띠 동갑이고 아들은 우리와 띠동갑이다. 평생 야생에서 뱀을 한 번도 보지 못한 사람들이 수두룩하겠지만, 나는 자연 속으로 발을 들여놓기 무섭게 뱀들이 앞다퉈 나와 반긴다. 어쩌면 나는 전생에 뱀이었는지도 모르겠다. 내가 무슨 착한 일을 했길래 이생에 사람으로 태어났는지는 잘 모르겠지만.

인간에게 도움을 청하는 동물들

2013년 1월 13일 하와이 바다에서 쥐가오리의 군무를 구경하던 잠수부들에게 돌고래 한 마리가 다가와 주변을 맴돌기 시작했다. 자기 몸을 바위에 비비곤 자꾸 가까이 다가오는 돌고래의 행동을 이상하게 여긴 잠수부 한 사람이 유심히 살펴보니 그 돌고래의 몸에는 낚싯바늘이 박혀 있었고 지느러미는 온통 낚싯줄로 뒤엉켜 있었다. 돌고래는 자칫 흉기로 보일 수 있는 펜치까지 꺼내든 잠수부가 낚싯줄을 제거하기 쉽도록 지느러미 부위를 잠수부 쪽으로 들이대며 침착하게 행동했다.

2011년 2월 14일 밸런타인데이에 캘리포니아 만으로 고래 관광을 나간 한 미국인 가족은 그물에 얽힌 혹등고래 한 마리를 발견한다. 한참 동안 근처에 머물렀으나 아무런 움직임이 없어 죽은 줄 알았는데 갑자기 고래가 몸을 수면 위로 더 끌어올리곤 숨을 내쉬는 것이었다. 위험을 무릅쓰고 곧바로 물로 뛰어든 남성은 고래의 몸에 엄청난 양의 그물이 엉켜 있는 걸 발견했다. 물속에서 고래와 눈이 마주쳤을 때 그는 말로 할 순 없었지만 꼭 돕겠다는 뜻을 전달하고 싶었다고 했다. 한 시간이나 걸린 세 남자의 노력으로 고래는 드디어 자유의 몸이 되었다. 죽어가던 고래를 살렸다는 뿌듯함에 서로에게 축하 인사를 하던 이들에게 150미터쯤

헤엄쳐가던 돌고래는 돌연 기진맥진했을 몸으로 엄청난 '쇼'를 선사했다. 한 시간도 넘게 공중 곡예를 선사한 고래의 행동은 감사의 표시라고 보지 않을 수 없는 장면이다.

2013년 6월 러시아에서는 병에 머리가 낀 어린 붉은 여우 한 마리가 길에 앉아 있다가 군인들이 나타나자 제 발로 걸어와 도움을 청하는 동영상이 유튜브에 올랐다. 한 군인이 손으로 여우의 목을 쥐고 조심스레 병에서 꺼내주자 여우는 쏜살같이 숲으로 사라졌다. 평소 같으면 사람을 피할 여우지만 혼자 힘으로는 도저히 벗어날 수 없는 위기에 봉착하자 용기를 내어 도움을 청한 것이다.

흔히 관찰되는 일은 아니지만 돌고래와 여우는 확고한 의지를 가지고 인간에게 도움을 청한 게 분명해 보인다. 도대체 이들은 인간이 자기들을 도울 수 있다는 사실을 어떻게 알았을까? 인간에게 어떻게 그런 능력과 배려의 마음이 있다고 확신한 것일까? 사실 다른 동물들은 세대를 거듭하며 수십만 년 동안 인간이 어떤 존재인지 똑똑히 보아왔다. 어쩌면 우리 인간만 그걸 모르고 여전히 치졸한 행동을 거듭하고 있는지도 모른다.

○——— 위안과 감사

우리는 슬픈 일을 당했을 때 누가 손을 잡아주거나 포근하게 안아주면 큰 위안을 받는다. 때론 이런 구체적인 행동을 보이지 않더라도 그저 가만히 곁에 있어 주기만 해도 든든하게 느낀다. 언뜻 보아 그리 대단해 보이지 않지만 자연계에서 이런 행동을 하는 것으로 밝혀진 동물은 인간을 비롯한 몇몇 유인원, 개 그리고 까마귓과의 새들이 전부이다.

미국 에모리 대학교의 유명한 영장류학자 프란스 드월Frans de Waal의 연구진은 아시아코끼리를 이 반열에 올려놓았다. 코끼리는 위험을 감지하면 귀와 꼬리를 곧추세우고 저주파의 그르렁거리는 소리를 내거나 아예 긴 코를 나팔처럼 사용하여 큰 소리로 운다. 북부 태국의 코끼리 캠프에 사는 26마리의 코끼리를 1년 이상 관찰한 연구진은 이처럼 괴로워하는 코끼리에게 근처에 있던 다른 코끼리들이 다가와 코로 얼굴을 쓰다듬거나 심지어는 코를 상대의 입안으로 넣기도 하는 걸 여러 차례 관찰했다. 자기의 코를 다른 코끼리의 입안에 넣는 행동은 상당한 위험 부담을 수반한다는 점에서 주목할 만하다.

우리가 누군가를 위로할 때 하는 이 같은 행동은 위안에 대한 감사를 표시할 때 거의 정확하게 반복된다. 인터넷 검색창에

'Wounda'라는 단어를 입력하면 정말 감동적인 동영상을 볼 수 있다. 사냥꾼에게 엄마를 잃고 온갖 병마에 시달리며 죽어가던 침팬지를 콩고 제인구달연구소 직원들이 정성스레 보살펴 야생으로 방사하는 장면을 찍은 동영상이다. '운다'라는 이름의 이 침팬지는 숲으로 향하기 전에 그동안 자기를 돌봐준 사람들을 둘러보다가 마침 행사에 참여하기 위해 동행한 제인 구달 박사를 발견하곤 한참 동안 뜨거운 포옹을 나눈다. 마치 구달 박사가 누구인지, 그리고 그의 희생적인 노력으로 자기를 비롯한 많은 침팬지들이 새 삶을 찾고 있다는 사실을 잘 알고 있다는 듯.

'Wounda'는 콩고 말로 "거의 죽을 뻔했다"는 뜻이란다. 하지만 나는 '운다'가 구달 박사를 끌어안는 장면에서 그만 울음을 터뜨리고 말았다. 위안과 감사의 포옹은 똑같이 따뜻하다.

○——— 나에게는 꿈이 있습니다

만일 소설가 H.G. 웰스가 상상한 타임머신이 진짜로 만들어져 시간 여행을 할 수 있게 된다면 언제 어디로 가고 싶으냐는 질문을 받은 적이 있다. 나는 잠시도 머뭇거리지 않고 "1963년 8월 28일 워싱턴의 링컨 기념관 앞 광장으로 가겠다"고 답했다. 그날은 마틴 루서 킹 목사가 바로 그곳에서 그 유명한 "나에게는 꿈이 있습니다"라는 연설을 한 날이다. 녹음으로 들어도 온몸에 소름이 돋는데 내가 만일 그곳에서 25만 명의 사람들과 함께 듣는다면 과연 어떤 기분일까 상상해본다. "나에게는 꿈이 있습니다. 내 아이들 넷이 피부색을 기준으로 사람을 평가하지 않고 인격을 기준으로 사람을 평가하는 나라에서 살게 되는 꿈입니다." 실제로 그날 그곳에 있었던 어느 시민운동가는 그날의 감흥을 '환희의 형상화 physicalization of joy'라고 회고한다.

20세기는 갈등과 혁명의 시대였다. 그 100년 동안 우리 인류는 참으로 많은 걸 잃었고 또 많은 새로운 걸 얻었다. 세계대전이라 일컫는 대규모의 전쟁을 두 차례나 겪으면서도 정치와 과학의 혁명적인 사건들로 인해 인류의 삶은 엄청나게 발전했다. 19세기도 나름 대단한 시기였지만, 그 시대를 살았던 그 누구라도 타임머신을 타고 20세기를 건너뛰어 지금 이곳에 떨어진다면 아마 깜짝 놀라 기절할지도 모른다.

그렇다면 21세기는 과연 어떤 모습으로 마감할 것인가? 성격과 양상만 달라졌을 뿐 갈등은 여전히 우리 곁에 독버섯처럼 번지고 있다. 나는 21세기가 온갖 종류의 독버섯으로부터 우리 스스로 자유로워지는 시대가 되었으면 좋겠다. 22세기로 들어서는 날 자랑스럽게 '갈등과 자유의 시대'였다고 말할 수 있으면 좋겠다.

2013년 7월 18일 야생 적응에 문제가 없다는 판단에 따라 두 마리의 돌고래 '제돌이'와 '춘삼이'를 제주 바다에 방류했다. 이 행사에서 나는 시민위원회 위원장 자격으로 축사를 했다. 지금 생각하면 적이 쑥스럽지만 킹 목사의 흉내를 내며 연설을 마쳤다. 그의 통 굵고 기름진 목소리를 모사할 수는 없었지만 그의 연설의 마지막 부분을 단어 하나만 바꿔 나름 힘껏 내질렀다. "드디어 자유를 얻었습니다. 드디어 자유를 얻었습니다. 전지전능하신 신이시여, 감사합니다. 드디어 '그들'이 자유를 얻었습니다."

○——— 자유와 안전

삼팔이, 복순이, 제돌이, 춘삼이, 태산이. 조선시대 노비들의 이름이 아니다. 이들은 2009년 제주 바다에서 불법으로 포획되어 서귀포의 퍼시픽랜드와 서울대공원에서 쇼를 하다가 서울시와 제주도 그리고 시민단체들의 노력으로 다시 자유의 몸이 된 남방큰돌고래들이다. 2015년 7월 18일은 제돌이와 춘삼이가 방류된 지 2년이 된 날이었다. 삼팔이는 그들과 함께 제주 김녕항에서 적응 훈련을 받던 중 스스로 먼저 자유를 찾아 떠났다. 얼마 전 7월 6일에는 드디어 복순이와 태산이까지 방류되었다.

나는 오래전부터 돌고래 연구에 관심이 많았다. 1990년대 초 미시건 대학교 교수 시절 호주 서부 퍼스 앞바다에서 돌고래를 연구하던 일군의 대학원생들을 자문하며 나도 언젠가 직접 참여할 날만 손꼽아 기다렸다. 그러나 귀국 후에는 해양학과도, 제대로 된 실습선 하나 없던 국내 사정에 꿈을 접어야 했다. 그러다가 2012년 제돌이야생방류시민위원회 위원장을 맡으며 못내 접었던 꿈을 다시 펼칠 수 있었다.

제주도는 돌고래 연구에 천혜의 조건을 갖춘 곳이다. 망망대해를 유영하는 돌고래들을 항상 배로 추적해야 하는 대부분의 돌고래 연구들과 달리, 110여 마리의 제주 남방큰돌고래들은 거의 육

안 거리에서 제주 해안을 따라 뱅뱅 돌기 때문에 육지에서도 어느 정도 관찰이 가능하다. 삼팔이는 먼저 빠져나가 어쩔 수 없었지만 제돌이와 춘삼이에게는 등지느러미에 개체식별부호로 1번과 2번을 달아주었다. 나는 기회가 닿는 대로 110여 마리 모두에게 고유 번호를 부여하고 그들의 행동을 모니터링하는 장기 생태 연구를 기획해 추진하고 있다. 내 계획대로라면 복순이와 태산이는 4번과 5번을 달았어야 하는데 이번에 그 과정을 생략한 건 참으로 아쉽다. 과학철학자 칼 포퍼Karl Popper는 "자유가 안전을 확보할 수 없다는 이유만으로도 우리는 안전뿐 아니라 자유를 위해서도 계획을 세워야 한다"고 말했지만, 거꾸로 다섯 마리의 돌고래들이 자유를 찾았으니 이제 우리는 그들의 안전을 위해 계획을 세워야 한다.

알면 사랑한다

지난 2012년 2월 26일은 내가 참으로 오랜 세월 꿔오던 꿈을 현실로 펼친 날이다. 다름 아닌 세계적인 영장류학자이자 환경운동가인 제인 구달 박사와 함께 '생명다양성재단Biodiversity Foundation'을 설립했기 때문이다. 입으로는 생명의 소중함을 떠들지만 실제로 생명을 대하는 참기 어려운 가벼움이 도처에 널려 있다. '나'의 생명만 존귀하고 '남'의 생명은 하찮게 여기는 풍조가 확산되고 있다. 그래서 나는 오랜 자연 연구에서 얻은 깨달음을 바탕으로 함께 사는 인간의 모습을 '호모 심비우스*Homo symbious*'의 정신으로 승화시키려 노력해왔다.

이 재단의 이름을 두고 나는 많은 생각을 했다. 'biodiversity'는 흔히 우리말로 '생물다양성'이라고 번역한다. 영어권 사람들은 'biodiversity'를 대체로 "지구상에 존재하는 생명 전반life on earth"을 의미하는 대단히 포괄적인 용어로 이해하는 반면, 우리말로 '생물다양성'이라 하면 그저 쑥부쟁이 보전이나 반달곰 복원 정도로만 생각하는 경향이 있다. 그래서 나는 고심 끝에 '생물다양성' 대신 '생명다양성'을 재단 이름으로 채택했다. 따지고 보면 '물건 물物'과 '목숨 명命'의 치환, 그야말로 글자 하나 차이인데 감흥은 사뭇 다르다. 생명다양성재단은 물론 지구의 생물다양성 보전을 가장 중요한 목표로 삼는다. 하지만 그에 덧붙여 그동안 내가 글과 강연을 통해 부르짖어온 남녀, 세대, 문화, 빈부 갈등 등 다양한 인간 사회의 문제들도 두루 보듬으려 한다.

나는 "알면 사랑한다"라는 말을 좌우명처럼 떠들며 산다. 우리는 서로 잘 알지 못하기 때문에 미워하며 헐뜯고 산다. 자신은 물론 다른 생명에 대해서도 속속들이 알게 되면 결국 사랑할 수밖에 없는 게 인간의 심성이다. 이 세상에 사랑처럼 전염성이 강한 질병은 없다. 알면 사랑하게 되고, 사랑하면 행동하게 된다. 우리를 둘러싼 모든 이웃과 자연에 대해 보다 많이 알려고 노력하며 그렇게 얻은 앎을 보다 많은 이웃과 나누다 보면 이 세상은 점점 더 아름답고 밝은 곳이 되리라 믿는다. 배움과 나눔보다 더 인간적인 행동은 없다.

뿌리와 새싹

1991년 12명의 탄자니아 10대 청소년들이 곰비국립공원에서 침팬지를 연구하고 있던 제인 구달 박사를 찾았다. 그들은 자신들이 겪고 있는 마을의 여러 문제들에 대해 심각하게 고민하고 있었다. 그들이 걱정하던 문제들은 구달 박사가 연구하는 침팬지를 비롯한 여러 야생동물의 불안한 미래에서부터 주변 산림의 황폐화와 도시의 오염에 이르기까지 다양했다. 구달 박사와 상담을 마친 그들은 어른들이 이 모든 문제를 해결해줄 때까지 기다릴 게 아니라 스스로 팔을 걷어붙이기로 결의했다.

이렇게 시작한 '뿌리와 새싹Roots & Shoots' 운동은 이제 세계 120개국에 수십만 개의 크고 작은 청소년들의 자발적인 모임들로 연결된 세계적인 네트워크로 발전했다. 우리나라에도 지난 몇 년간 20여 개의 학생 모임이 만들어져 활발한 활동을 펼치고 있다. 이를 격려하기 위해 2012년 11월 구달 박사가 방한하여 '뿌리와 새싹' 운동을 하고 있는, 그리고 앞으로 참여하고 싶어 하는 학생들과 다양한 만남의 자리를 마련하기도 했다.

구달 박사는 늘 이렇게 말한다. "뿌리는 땅속 어디든 파고들어 든든한 기반을 만든다. 새싹은 연약해 보이지만 햇빛에 이르기 위해 벽돌담도 뚫고 오른다. 벽돌담은 우리가 이 지구에 저질러놓은 온갖 문제들이다. 이제 수천, 수만의 '뿌리와 새싹'들이 이 모든 벽돌담들을 무너뜨릴 것이다. 우리는 함께 이 세상을 바꿀 수 있다." 그는 매년 300일 이상 세계를 돌며 '희망의 이유'를 강연한다. 몇 년 전 방한했을 때 댁이 어디냐고 묻는 어린 소녀에게 그는 조금도 주저하지 않고 "비행기 안"이라고 답했다.

'뿌리와 새싹' 운동은 인간, 환경 그리고 동물을 위해 누구나 시작할 수 있는 운동이다. 인간, 환경, 동물—이 셋이면 우리 삶 전체를 아우를 수 있다. 우리는 그동안 인간 사회와 주변 환경을 위해서는 퍽 많은 일을 해왔다. 하지만 다른 동물들에 대해서는 제대로 배려하지 못한 게 사실이다. 이런 점에서 나는 전례 없이 지난 2012년 동물보호과를 신설한 서울시의 혜안에 박수를 보낸다. 우리 사회도 드디어 선진화하고 있다는 확실한 징표라고 생각한다. 이제 우리의 갈 길은 독존이 아니라 공존이다.

○——— 바이러스 스캔

거의 매년 한낱 바이러스로 인해 경제, 문화, 교육 등 사회의 근간이 흔들리는 촌극이 반복되고 있다. 특히 우리나라는 인구 과밀과 지구온난화 때문에 앞으로 바이러스 창궐이 점점 더 잦을 것이다. 어느 날 홀연 신종 바이러스가 우리를 급습할 때까지 넋 놓고 있다가 번번이 외양간이나 고치느라 허둥대는 일을 반복할 수는 없다. 이참에 우리 질병관리 시스템이 고질적인 '후대응reactive 관행'을 벗겨내고 '선대응proactive 구조'로 선진화하기를 기대해본다.

이런 와중에 하버드 의대 연구진을 중심으로 우리 몸의 바이러스 수난사를 총체적으로 검사할 수 있는 방법이 개발되었다. 'VirScan'이라는 이름의 이 검사법을 이용하면 평생 우리 몸을 거쳐 간 거의 모든 바이러스의 실체를 파악할 수 있다. 바이러스나 세균 같은 항원이 우리 몸에 진입하면 B세포, T세포 또는 항체가 항원 표면의 '항원결정부epitope'라는 화학 구조와 결합하는 면역 반응이 일어난다. 인간을 숙주로 사용하는 걸로 알려진 1,000여 종류의 바이러스 항원결정부를 장착한 유사 바이러스들을 합성하여 만든 일종의 항원 칵테일을 개인의 몸에서 채취한 혈액 한 방울과 섞으면 평생 바이러스에 대응하여 형성된 항체들이 걸러진다. 연구진은 이미 미국, 남아공, 태국, 페루에서 모두 569명을 조사했는데 인간은 평균 10종에서 많게는 25종의 바이러스에 노출된 걸로 드러났다.

과학은 기술 혁신에 힘입어 도약한다. 연구진은 이 기법의 활용도가 무궁무진할 것으로 내다보고 있다. 암, 에이즈, C형 간염의 조기 발견에 기여할 수 있고, 오래전에 진입했으나 별다른 영향을 끼치지 않았던 바이러스가 훗날 다발성 경화증MS이나 당뇨 같은 자가면역질환을 유발하는 경로도 밝혀낼 수 있을 것으로 기대한다. VirScan은 이미 비용 25달러(약 3만 원)에 2~3일 정도밖에 안 걸리는 수준에 이르러 상용화가 머지않아 보인다. 나도 모르는 가운데 어떤 바이러스가 내 몸을 들락거렸는지 개인적으로 무척 궁금하다.

3

환경 기후변화 생태학 연대

허파꽈리 수난시대

언제부터인가 감기가 달라졌다. 근래 몇 년 동안 한 번이라도 감기에 걸려본 사람이라면 누구나 하는 얘기지만, 요즘 감기는 왜 이리 끈질긴지 모르겠다. 감기는 기본적으로 바이러스로 인해 생기는 병인 만큼 특별한 약이 없다는 걸 잘 아는 나는 그저 휴식을 취하며 이겨내려 했다. 하지만 보름이 넘도록 나아지지 않자 하는 수 없이 병원을 찾았다. 그러곤 감기를 미처 털어내지 못한 상태에서 어쩔 수 없이 해외 출장을 나갔다. 그런데 외국에 나간 지 며칠 만에 신기하게도 몸이 한결 편해졌다.

내가 정말 감기를 앓기나 한 것일까? 겨울이면 중국 전역이 극심한 스모그에 뒤덮인다. 심한 날에는 베이징의 가시거리가 20미터도 채 안 된다고 한다. 예전에는 우주선에서도 또렷이 볼 수 있었던 만리장성을 언제부터인가 스모그 때문에 볼 수 없게 되었단다. 덩달아 한반도 상공의 미세먼지 농도도 종종 위험 수준을 넘나들고 있다. 바야흐로 허파꽈리의 수난시대이다.

동물의 호흡은 피부나 아가미에서 직접 기체 교환이 일어나는 외호흡에서, 일단 기관과 허파로 공기를 들여온 다음 기체를 교환하는 내호흡으로 진화한 것처럼 보인다. 사람을 비롯한 포유류의 경우에는 코에서 후두를 통해 기관으로 들어온 공기가 두 갈래의 기관지로 나뉜 다음, 허파 안으로 들어서면 기관세지들로 갈라졌다가 그 끝에 연결되어 있는 수많은 허파꽈리로 전달된다. 허파꽈리는 허파의 내부 표면적을 넓혀 공기 접촉을 극대화함으로써 일단 포집한 공기에서 산소를 효과적으로 분리해낸다. 대단한 진화적 적응의 산물이다.

그러나 우리 포유류 조상들이 미처 예상하지 못한 일이 벌어졌다. 먼 훗날 후손 중의 하나가 화석연료를 캐내어 태우기 시작하면서 숨쉬기조차 불편할 지경으로 공기를 더럽힐 줄은 미처 몰랐던 것이다. 우리가 아직도 아가미로 호흡한다면 가끔 드러내놓고 물로 씻어낼 수 있건만 허파꽈리는 뒤집어 빨 수가 없다. 허구한 날 온갖 오염물질을 한반도 쪽으로 토해내는 중국을 어찌할꼬? 소화기관은 입에서 항문으로 뚫려 있건만 호흡기관은 어쩌다 이렇게 막다른 골목으로 만들어놓았을까? 작은 알약 크기의 내시경 로봇이 우리 내장을 활보하고 있건만 허파꽈리 구석에 박혀 있는 미세먼지를 제거할 나노 로봇은 언제나 개발되려나.

병에 든 물은 병든 물

먹을 물이 없어 매일 여덟 시간씩 물을 길어 나르는 아프리카 소녀 이야기를 듣더니 "생수를 사 먹으면 될 텐데"라고 말하는 아이들이 있다. 어디서든 꼭지만 틀면 나오는 수돗물은 마다하고 병에 든 물을 굳이 돈을 주고 사 먹는 게 이른바 현대인이다. 공공재였던 물이 어느덧 어마어마한 돈이 투자되고 회수되는 거대한 시장을 형성하고 있다.

서울시는 2004년 2월부터 수돗물에 고구려 때 한강을 부르던 이름을 붙여 '아리수'라 명명하고 수질을 개선하기 위해 꾸준히 노력해왔다. 세계보건기구가 권장하는 155개 수질 항목에 대해 정기적인 검사를 실시함은 물론, 추가적으로 감시가 필요하다고 판단한 200여 개 항목에 관해서도 수시로 검사를 해온 덕에 2009년 유엔 공공행정서비스 대상을 수상했다. 그럼에도 불구하고 수돗물에 대한 불신은 여전하다.

2012년 5월 내가 이화여대에서 가르치는 수업인 '환경과 인간'의 학생들이 구성한 물대책위원회가 '생생水다'라는 이름의 블라인드 테스트를 실시했다. 이화여대 학생, 교수 그리고 다수의 외국인 교환학생들이 참여한 테스트에서 아리수는 총 140표를 얻어 일반 생수는 물론 고가 생수인 에비앙도 누르고 당당히 1등을 했다. 셋 중에서 어느 물이 수돗물일 것 같으냐는 추가 질문에는 상당수의 사람들이 "가장 맛이 없는 이 물이 수돗물일 것"이라고 답했다. 수돗물에 대한 불신의 정도가 위생을 넘어 취향에 이른 것이다.

세계적인 수자원 전문가 피터 글렉은 그의 저서 『생수, 그 치명적 유혹』에서 생수의 취수원, 청결함, 영양가, 안전성 문제를 조목조목 파헤친다. 물이란 모름지기 흘러야 썩지 않는다는 원리는 4대강사업 비판에만 적용되는 게 아니다. 지구 저편 알프스나 피지에서 채수되어 병 속에 갇힌 채 수천 킬로미터를 날아온 물이 과연 좋은 물일까? 병에 든 물은 이내 병든 물이 된다. 한 줌 물을 담는 데 동원되었다 버려지는 그 엄청난 양의 플라스틱은 또 어찌할꼬? 그 옛날 대동강 물을 팔아먹었다는 봉이 김선달은 그나마 부자와 양반을 골탕 먹였지만 현대 생수산업은 생태계를 파괴하며 인류 전체를 골탕 먹이고 있다.

압구정 하루살이

몇 년 전부터 여름이 되면 압구정동 번화가에 밤마다 동양하루살이가 떼로 날아들어 시민들이 고통을 호소한단다. 다짜고짜 "박멸해야 할 해충"으로 낙인을 찍는 것은 물론, "혐오스러운 생김새에 보기만 해도 끔찍하다"며 몸에 달라붙자 비명을 지르며 울음을 터뜨린 여성도 있단다. 독자들로부터 종종 색다른 시각으로 문제를 바라보며 참신한 글을 쓴다는 평을 듣곤 하지만 이번만큼은 내가 정말 이렇게 다른가 싶어 황망하다.

하루살이는 내가 풀잠자리 다음으로 좋아하는 곤충이다. 일찍이 『과학자의 서재』에서 밝힌 대로 나는 방황의 심연에서 허우적거리던 대학 시절, 마침 한국을 방문하셨던 당대 세계 최고의 하루살이 전문가 미국 유타 대학교의 조지 에드먼즈 교수님의 조수 역할을 하며 드디어 인생의 목표를 찾아 오늘에 이르렀다. 하루살이는 내게 삶의 길을 밝혀준 '팅커벨'이었다. 조지훈 시인의 표현을 빌리면, 꼬리는 "길어서 하늘은 넓고" 날개는 마치 "돌아설 듯 날아가며 사뿐이 접어 올린 외씨버선"같이 생긴 우아한 곤충이다. 내겐 더할 수 없이 아름다운 천사 같은 곤충이 다른 사람들에게는 공포의 대상이라니……

오랫동안 물속에서 유충으로 살다가 우화하여 물 밖으로 나오면 그저 며칠밖에 못 사는 하루살이는 입이 퇴화하여 물지도 못한다. 병균을 옮긴다는 보고는 단 한 건도 없는, 비교적 깨끗한 물에서 살다 나온 깔끔한 곤충이다. 다만 최근 들어 한꺼번에 너무 많이 날아들어 징그러운 모양이다. 고려대 생명과학과 배연재 교수의 연구진에 따르면 동양하루살이는 원래 우리나라에서 일년에 세 차례에 걸쳐 우화했었다. 4월 말에서 5월에 산란한 무리는 그해 8~10월, 6~7월에 산란한 무리는 이듬해 4~5월경, 그리고 9~10월에 산란한 무리 역시 이듬해 6월경에 성충이 되었다. 그러던 것이 아마도 지구온난화에 따른 수온 상승 때문에 따뜻한 시기에 발생 과정을 거치는 무리들이 상대적으로 빨리 발육하면서 결국 우화 시기가 서로 겹치게 된 것이 아닐까 추정된다.

기후변화의 추세를 되돌릴 수 없다면 이런 일은 앞으로 더욱 자주 벌어질 것이다. 약을 뿌려 없애기보다 공존할 수 있는 방도를 찾았으면 좋겠다. 대한민국 최고의 번화가 로데오 거리에 하루살이 생태축제를 기획해보고 싶다.

뎅기 바이러스

뎅기열 dengue fever은 흰줄숲모기가 옮기는 열대지방의 바이러스성 풍토병이다. 뎅기 바이러스에 감염되면 고열과 더불어 근육, 관절, 안구 등에 심한 통증이 수반되고 마치 홍역을 앓는 듯한 발진이 나타난다. 얼룩날개모기가 옮기고 매년 적어도 수십만 명의 목숨을 앗아가는 말라리아에 비할 바는 아니지만, 뎅기열도 해마다 110개국에서 거의 50만 명이 병원을 찾으며 그중 약 2만 5,000명이 사망하는 무서운 질병이다.

흰줄숲모기가 마침내 제주도에 상륙했다. 공교롭게 미국 플로리다 남부에서도 이 모기가 발견되었다. 미국의 경우에는 예전에 대대적인 방역을 실시하여 이 모기를 박멸했는데 이번에 다시 나타난 것이다. 제주의대 이근화 교수 연구진에 따르면 서귀포 지역에서 채집한 모기의 유전자 염기배열을 분석해보니 베트남에 서식하는 모기의 배열과 일치한단다. 연구진은 공항이나 항구를 통해 들어온 흰줄숲모기가 지구온난화 덕택에 제주도에서도 서식할 수 있게 된 것이라고 설명했다.

미국에 유학하던 1982년 여름 내내 나는 하루걸러 작은 경비행기를 타고 곤충채집을 했다. 고도를 달리하며 커다란 포충망을 비행기 밖에 내걸어 장거리를 이동하는 곤충들을 채집하여 분류하는 연구였다. 그 결과 우리는 진드기, 파리, 모기, 멸구 등 몸집이 작은 곤충들이 계절풍 제트기류를 타고 순식간에 엄청난 거리를 이동한다는 사실을 확인했다. 뎅기 바이러스에 감염된 모기는 이미 타이완까지 북상했다. 그들이 꼭 점잖게 비행기나 배를 타고 오는 게 아닐 수도 있다. 오래전부터 바람을 타고 오고 있었을지도 모른다. 다만 예전에는 와본들 살아남을 수 없었는데 이제는 기후변화 때문에 아열대화한 제주도에 버젓이 정착하게 된 것이다.

몇 년 전 나는 당시 보건복지부 장관을 찾아가 기후변화에 대비한 열대성 질병 연구의 필요성에 대해 역설했다. 그러나 6개월 안에 조류독감을 때려잡을 야전사령부를 세운다면 지원하겠지만 10년 후에나 벌어질지 모르는 질병에 투자하기는 어렵다는 답변이 돌아왔다. 지내보니 10년씩이나 걸릴 일이 아니었다. 뎅기 모기의 출현은 온갖 다른 열대성 질병들도 이미 우리 문지방을 넘고 있음을 경고한다. 옛말에 "개미 나는 곳에 범 난다" 했다.

○——— 공회전 이제 그만

길을 걷다 보면 하늘은 참 청아하게 맑은데 매캐한 냄새가 코를 찌를 때가 많다. 더욱이 날이 쌀쌀해질수록 차 안 온도를 따뜻하게 유지하려는 운전자들이 공회전을 부쩍 많이 한다. 공회전으로 인해 차량 연료의 10~15퍼센트가 낭비된다고 한다. 기름 한 방울 나지 않는 나라로서는 각별히 신경 써야 할 듯싶은데 우리나라 운전자들은 대체로 무심하다. 차량의 냉난방 때문이 아니더라도 단순히 시동을 끄고 켜기 귀찮아 그냥 내버려두는 운전자들이 적지 않다.

일본 요코하마 대학교에 초청되어 특강을 한 적이 있다. 도쿄에서 고속철을 타고 요코하마 역에 내렸더니 그곳 대학교수 한 사람이 마중을 나와 있었다. 그의 차를 타고 대학까지 가는 도중 신호등에 걸려 멈출 때마다 그는 어김없이 차의 시동을 끄고 기다렸다. 요코하마는 유달리 언덕이 많은 도시라서 여러 차례 상당히 가파른 비탈길에 거꾸로 매달린 지경이었건만 그는 단 한 번도 시동을 껐다 켜는 수고로움을 거르지 않았다. 완벽하게 습관화되어 나와 대화를 나누면서 거의 무의식적으로 하는 행동처럼 보였다. 시동을 켤 때마다 과도하게 많은 연료가 주입되어 오히려 낭비가 아닌가 물었더니 일본에서 실시한 여러 실험에 따르면 전혀 그렇지 않단다.

국내에서 시판되고 있는 많은 유럽 자동차들은 신호에 멈춰 서면 자동으로 시동이 꺼졌다가 브레이크에서 발을 떼면 다시 시동이 걸린다. 우리나라 자동차 회사들은 왜 이런 장치를 장착하지 않는지 묻고 싶다. 다시 한 번 강조하지만 기름 한 방울 나지 않는 나라에서. 차선이 여럿인 대로일수록 신호 대기 시간도 길고 대기하는 자동차도 많다. 그리고 그곳에는 어김없이 긴 횡단보도가 있다. 신호를 기다리는 차들이 내뿜는 미세먼지가 보행자들의 코를 통해 폐 깊숙이 빨려 들어가는 모습이 보이는 듯싶다. 자동차를 구입할 때는 연비 정보를 세심하게 따지면서 정작 운전할 때는 지극히 대범해지는 게 이 땅의 운전자들이다. 사소한 것에 얽매이지 않고 너그러운 대범함이 미덕인 문화이긴 하지만 환경 문제에 있어서는 조금 옹졸해도 좋을 것 같다.

○——— 녹색 자연의 신비

요즘 젊은이들이 대개 그렇듯이 아들 녀석도 중·고등학생 시절 미드(미국 드라마)에 푹 빠져 살았다. 아들이 제일 열광했던 드라마는 「프렌즈Friends」였다. 미국에서 무려 15년이나 살았지만 「프렌즈」는 내가 귀국하던 1994년에 시작한 드라마라서 명성만 익히 들었을 뿐 실제로는 거의 본 적이 없었다. 아들과 공감대를 확장하자는 취지로 우리 부부는 어느 해 여름 일 년치 비디오를 빌려 하루 종일 아들과 함께 시청했다. 대장정을 마치고 아들은 우리에게 재미있었느냐 물었다. 확신에 찬 아들의 목소리에 일단 동의하면서도 나는 생물학 '꼰대'의 토를 달고 말았다. 무슨 놈의 드라마에 일 년 내내 나무가 단 한 그루도 나오지 않는 거냐고.

2015년 『미국과학한림원회보』에는 바르셀로나 환경전염병학연구소의 연구 논문이 실렸다. 2012년 1월부터 14개월 동안 그 지역 7~10세 아동 2,593명의 인지 능력 변화를 3개월마다 측정했는데, 학교 교정과 주변의 녹음greenness 정도가 아이들의 지적 능력 향상과 관련이 있는 것으로 드러났다. 그동안 녹지 공간 확보가 정신 건강에 좋은 영향을 미친다는 연구 결과들은 많았지만 지적 능력도 개선한다는 결과는 처음이다. 연구진은 "자연을 가까이한다는 것은 두뇌 발달에 결정적이고 돌이킬 수 없는 영향을 미친다"며 자연 속에서 성장하면 보다 적극적이고 도전적으로 행동하고 자제력과 창의력을 갖추게 된다고 주장했다.

자연을 접하면 왜 지적 능력이 향상될까? 나는 녹색 자연의 다양함에 답이 있다고 생각한다. 지구에 존재하는 모든 시스템 중에서 인간의 뇌와 자연생태계가 가장 복잡하다. 자연휴양림은 피톤치드 같은 화학물질만 내뿜는 게 아니라 그 엄청난 구조적 다양함으로 우리의 뇌를 긍정적으로 자극한다. 자연생태계는 인간의 출현 훨씬 전부터 동물의 뇌와 공존해왔다. 「초원의 집」과 「월튼네 사람들」을 보며 자란 우리 세대와 달리 학교는 물론 드라마에서조차도 자연을 접하지 못한 채 커 나가는 요즘 아이들이 이 창의와 혁신의 시대를 어찌 살아갈지 걱정이다.

아낙네 속살과 자작나무

안도현 시인은 시 「자작나무를 찾아서」에서 "따뜻한 남쪽에서 살아온 나는 잘 모른다/자작나무가 어떻게 생겼는지를"이라고 고백했다. 자작나무는 원래 북반구의 추운 지방에서 자라는 나무라서 남한에는 자연 상태에서 자라는 자작나무 숲이 없었다. 그러나 고등학생 시절 국어 교과서에서 정비석의 수필 「산정무한」을 읽고 자란 중장년 세대는 지구온난화에도 아랑곳하지 않고 '수중공주樹中公主'를 모셔다 여기저기 심었다. 산림청도 덩달아 강원도 인제에 138헥타르에 달하는 자작나무 숲을 조림해 관광명소로 만들었다.

나 역시 자작나무를 좋아해 전국 어느 숲에서든 자작나무만 만나면 달려가 쓰다듬지만 아쉽게도 정비석이 말한 것처럼 아낙네 속살보다 희거나 매끄러운 자작나무는 아직 찾지 못했다. 그러다 최근 중국 지린성 지역의 대학 및 연구소와 국제협약을 체결하러 갔다가 드디어 백두산 기슭에서 꿈에도 그리던 그 '아낙네'를 만났다. 물론 나는 첫눈에 반해버렸고 너무 반가워 달려가 끌어안고 사진까지 찍었다.

백두산 탐방이 처음이었던 나는 사뭇 낭만적인 여정을 꿈꿨던 것 같다. 러시아 민요 「들에 서 있는 자작나무」가 테마로 들어 있는 차이콥스키의 교향곡 제4번 4악장 피날레를 들으며 영화 「닥터 지바고」(감독: 데이비드 린)에서처럼 개썰매를 타고 천지에 오르는 그런 꿈 말이다. 비록 버스로 백두산 정상에 올랐지만 그 길가에도 자작나무는 지천이었다. 그러나 어인 일인지 길가에 늘어선 자작나무들의 속살은 그리 요염하지 않았다. 이정록 시인은 「서시」에서 "마을이 가까울수록/나무는 흠집이 많다//내 몸이 너무 성하다" 했고, 우리가 탄 버스는 분명 마을에서 멀어지고 있었건만 자작나무의 몸은 결코 성하지 않았다. 안내하던 중국 생태학자는 쉴 새 없이 관광객을 실어 나르는 구형 버스들이 뿜어내는 매연에 자작나무인들 배겨나겠느냐며 안타까워했다. 사람이 가까울수록 나무는 흠집이 많다. 중국 지도자들이 이 글을 읽을 수 있으면 좋으련만.

침묵의 봄

레이철 카슨의 『침묵의 봄』이 출간된 지도 어언 50년이 넘었다(1962년 출간). 『침묵의 봄』은 환경주의 이념을 고취하며 세계 곳곳에 환경보호운동을 불러일으켜 이른바 생태학의 시대age of ecology를 열어젖힌 책이다. 역사학자들은 이 책의 사회적 영향을 1852년에 출간되어 남북전쟁과 노예제도 폐지를 불러온 해리엇 스토의 『톰 아저씨의 오두막』에 비견한다. 1970년 미국 정부에 환경보호국EPA이 만들어진 것과 1992년에 도출된 '리우 선언'도 거슬러 올라가면 모두 이 책 덕택이다.

활활 타는 불에는 어김없이 날파리들이 꾀는 법. 50여 년이 지난 오늘도 이 책에 대한 구시렁거림은 끊이질 않는다. 비판자들은 이 책이 DDT 사용을 금지시키는 바람에 수많은 사람들이 말라리아로 목숨을 잃었다고 주장한다. 나는 끝없이 반복되는 이 주장을 들을 때마다 그들이 과연 카슨의 책을 읽은 것인지 의심스럽다. 카슨은 『침묵의 봄』에서 화학살충제의 사용을 무조건 중지하라고 쓰지 않았다. 다만 화학살충제의 남용이 훨씬 더 큰 생태 재앙을 불러일으킬 수 있다는 생태학적 원리를 설명했을 뿐이다.

샌프란시스코 북쪽의 관광도시 클리어 레이크Clear Lake의 주민들은 1949년 실제로 물지는 않지만 매우 성가시게 구는 날파리를 없애달라는 관광객들의 요구에 못 이겨 DDT보다 독성이 약한 DDD를 소량(0.02ppm) 호수에 살포했다. 그러나 잠시 반짝 효과가 있었을 뿐, 2년 뒤 날파리가 더 극성을 부리자 주민들은 매년 농도를 조금씩 올려가며 DDD를 뿌려댔다. 그러자 1954년 수많은 논병아리들이 죽어나갔고 그들의 조직에 DDD가 무려 1,600피피엠ppm이나 농축되어 있음이 밝혀졌다. 이런 현상을 생태학에서는 먹이사슬을 따라 독성이 축적되어 인간을 비롯한 최종소비자들이 가장 심한 타격을 입게 되는 '생물농축'이라고 부른다.

지구의 생명이 사라지고 있다. 그 사라지는 생명 속에 인간이 있다. 카슨의 가르침은 21세기에도 여전히 유효하다. 아니 그 어느 때보다 더욱 절절하다.

생물다양성의 의미

지난 2014년 10월 강원도 평창에서 제12차 생물다양성협약 당사국총회가 열렸다. 세계 194개국의 대표단이 모여 지구의 생물다양성을 어떻게 보전할지에 대해 논의했다. 역대 최대였던 소치 동계올림픽에 88개국이 참가했던 걸 감안하면 2018년 이곳에서 열릴 평창 동계올림픽에 참가할 것으로 기대되는 나라보다 갑절이나 많은 나라가 모인 셈이다. 어쩌다 나는 이 국제기구의 의장으로 추대되어 2016년 12월 멕시코에서 제13차 당사국총회가 열릴 때까지 눈코 뜰 새 없이 바쁠 듯싶다.

이 행사를 준비할 당시 가장 자주 들은 얘기는 '생물다양성'이란 용어가 생소하고 어렵다는 것이었다. 일상에서 늘 쓰는 단어가 아니다 보니 다소 생소하며 단순히 숫자로만 나타내기 어려운 개념이다. 두 연못 생태계를 비교해보자. 연못1에는 10종의 물고기가 사는데 큰입배스가 전체 개체 수의 90퍼센트를 차지하고 나머지 9종은 겨우 몇 마리씩만 존재한다. 연못2에는 5종의 물고기가 살지만 모두 고르게 20퍼센트씩 분포한다. 그렇다면 연못1에 분명히 더 많은 종의 물고기가 사는 건 사실이지만 그 어류생태계가 과연 더 다양한지, 즉 지속 가능한지는 따져봐야 한다.

다양성 지수diversity index를 계산하려면 얼마나 많은 종류가 존재하는지(풍부도 richness)와 그들이 얼마나 고르게 분포하는지(균등도 evenness)를 함께 측정해야 한다. 서식지가 통째로 파괴되면 그곳에 살던 생물이 한꺼번에 사라져 풍부도가 격감하여 경종이 울리지만, 시간을 두고 퇴화하는 생태계는 균등도가 손상되더라도 풍부도는 그대로 유지되는 듯 보여 자칫 안심할 수 있다. 우리나라의 많은 생태계가 지금 이런 상태에 있다. 겉으로는 멀쩡해 보일지 모르나 속은 썩어 문드러지고 있다.

세계평화의 날

매해 9월 21일은 유엔이 정한 '세계평화의 날'이다. 나는 여러 해 전부터 종종 이날이 오면 청소년들과 함께 호텔이나 병원에서 내버리는 침대보를 재활용하여 평화의 비둘기peace dove를 만들어 띄우는 행사를 해왔다. 이는 2002년 4월 코피 아난 전 유엔 사무총장으로부터 유엔 평화대사로 임명받은 제인 구달 박사가 세계 각국의 '뿌리와 새싹' 회원들과 함께하는 일이다. 첼리스트 요요마, 시각 장애를 지닌 천재적인 가수 스티비 원더, 배우 조지 클루니 등도 평화의 대사로 동참하고 있다.

'세계평화의 날'은 우리나라와 각별한 인연을 지녔다. 경희대학교의 설립자 고 조영식 박사가 1981년 세계대학총장회의에서 처음으로 제안해, 이듬해 제36회 유엔 총회의 인준을 얻어 오늘에 이른다. 세계 유일의 분단국가, 그래서 어찌 보면 평화와 가장 거리가 먼 나라인 대한민국이 시작한 세계적인 경축일이다.

이 멋진 전통을 시작한 조영식 박사는 1951년 경희학원을 설립하며 교육자의 길을 걷기 시작했다. 경희유치원에서 경희대학교까지 제도권 교육의 기틀을 마련하는 일과 더불어 그는 '잘살기 운동' '밝은사회 운동' '네오르네상스 운동' 등을 일으키며 사회 변혁을 꿈꾼 계몽주의자였다. 그는 "정신적으로 아름답고, 물질적으로 풍요하며, 인간적으로 보람 있는 지구협력 사회"를 이룩하자는 뜻으로 '오토피아oughtopia'의 구현을 부르짖었다. 유토피아가 열리길 기다리는 게 아니라 우리 스스로 노력해서 ought to 문화적 복리 사회를 구축해야 한다고 가르쳤다.

놀라운 일은 이 모든 생각의 얼개가 1951년에 펴낸 그의 저서 『문화세계의 창조』에 고스란히 담겨 있다는 사실이다. 1951년의 한반도는 전쟁의 소용돌이 속에서 문화의 창조는 고사하고 최소한의 평화도 누릴 수 없었다. 우리 시대 마지막 낭만주의자 조영식 박사를 마음 깊이 연모한다.

○—— 거꾸로 가는 환경 교육

2007년 6월 5일 『조선일보』 사회 면에 「IT 다음은 생태학…… 복지·건강이 다가올 시대의 화두」라는 기사가 실렸다. 세계적인 미래학자 앨빈 토플러가 당시 손병두 서강대 총장과 가진 '한국의 경쟁력과 교육'이라는 주제의 대담에 관한 기사였다. 때마침 우리 사회에 복지가 중요한 이슈로 떠오르던 참이라 대한민국도 이제 복지와 건강에 신경 써야 한다는 얘기쯤으로 들렸을 수 있지만, 그는 더 적극적으로 대한민국은 복지와 건강 산업에 투자해 먹고살라고 주문했다. 그리고 그를 위해 이제는 IT 다음으로 생태학을 발전시켜야 한다고 강조했다. 생태학은 이제 단순히 환경보호 차원이 아니라 차세대 먹거리를 책임질 학문으로 떠오르고 있다. 국립생태원이 만들어진 연유가 바로 여기에 있다.

그런데 2015년 교육부가 발표한 문·이과 통합형 교육과정은 생태의 중요성을 보강하기는커녕 그동안 어렵게나마 지탱해오던 '환경 교육'을 통째로 드러내버렸다. 『총, 균, 쇠』의 저자 재러드 다이아몬드는 『문명의 붕괴』에서 한때 찬란했다 멸망한 인류 문명은 모두 어김없이 환경 파괴를 저지른 공통점이 있다고 간파했다. 그가 환경 최후진국으로 지목한 중국은 최근 생태학 분야의 연구비를 아예 자연과학과 인문사회학에서 분리해 따로 지급하기 시작했다.

2005년 국가지속가능발전위원회는 환경 교육의 핵심인 지속가능발전 교육을 모든 교과 주제를 아우르는 '상위umbrella 개념'으로 활용하도록 제안했다. 미래 사회를 살아가기 위해 갖춰야 할 핵심 역량에서 지속 가능한 생태적 삶에 대한 통찰 역량이 빠지면 제아무리 탁월한 '창의융합형' 인재를 길러낸들 그야말로 '밑 빠진 독에 물 붓기'일 뿐이다. 제6차 교육과정부터 가르쳐온 '환경' 과목을 선택이 아니라 필수 과목으로 만드는 노력을 기울이지 않은 이유는 통섭적 삶의 철학을 암기 과목으로 전락시키고 싶지 않아서였다. 교육을 백년대계라 부르는 까닭은 바로 이런 걸 제대로 챙기라는 얘기다.

소행성의 날

태양계에는 셀 수 없이 많은 소행성들이 주로 화성과 목성 사이를 돌고 있는데 이들 중 일부가 가끔 궤도를 이탈해 태양 쪽으로 이동하다가 지구에 접근하게 된다. 그러다가 자칫 지구 대기권에 진입하면 대개 별똥별 형태로 타버리지만 미처 다 타지 않고 지구 표면에 떨어지는 게 바로 운석이다. 행성학자들에 따르면 지구 표면에는 해마다 500여 개의 운석이 떨어진다. 이 중 90퍼센트는 지구 표면의 70퍼센트를 차지하는 바다 혹은 육지라도 아주 외진 곳에 떨어지기 때문에 우리가 모르고 지나칠 뿐이다.

2013년 2월 15일 카자흐스탄 국경에서 그리 멀지 않은 러시아 도시 첼랴빈스크 지역에 거대한 운석이 떨어지는 동영상을 뉴스에서 본 기억이 있다. 출근 차량들이 줄지어 서 있는 도로 위로 비스듬히 불기둥이 떨어지는 모습에 간담이 서늘했다. 그 충격으로 인근 건물의 유리창이 깨졌다지만 사실 그때 떨어진 운석은 기껏해야 지름 18미터의 작은 운석이었다. 유네스코 문화유산으로 지정된 남아공의 브레드포트 운석공은 반지름이 190킬로미터나 된다니 도대체 얼마나 큰 운석이 떨어졌던 것일까? 지금으로부터 약 6500만 년 전에 멕시코 유카탄 반도 앞바다에 떨어진 운석은 전 지구적 기후변화를 일으켜 끝내 공룡들을 모두 멸종으로 내몰았다.

언제든 지구에 충돌할 가능성이 있는 소행성은 줄잡아 100만 개나 된다. 그러나 그중 우리가 궤도를 파악하고 있는 것은 불과 1퍼센트, 즉 1만 개에 지나지 않는다. 인류가 존재해온 동안에는 다행히 아직 벌어지지 않았지만 우리라고 공룡 신세가 되지 말라는 법은 없다. 그래서 1908년 6월 30일 러시아 퉁구스카 지역에 히로시마 원폭의 1,000배 규모의 운석이 떨어졌던 사건을 기리며 세계 각지의 과학자, 예술가, 기업인, 언론인 등이 모여 6월 30일을 '소행성의 날Asteroid Day'로 선포했다. 매년 10만 개의 소행성을 새로 발견해 10년 안에 소행성 거의 전체의 성격과 궤도에 관한 데이터베이스를 확보하자는 계획이다. 젊은 친구들의 동참을 기다리고 있다.

○——— 소녀시대? 오리시대!

웬 '오리시대'? 조선시대에서 깜찍한 소녀시대를 거쳐 어느덧 꽥꽥거리는 오리시대로 넘어간다는 말은 아니다. 이제 우리가 살아온 삶을 돌이켜보고reflect, 자원 고갈을 막기 위해 소비를 줄이고reduce, 그저 오래됐다고 버리지 말고 또 쓰고reuse, 가능한 모든 자원을 재활용하며recycle, 망가진 환경을 복원해야 restore 할 때가 되었다는 의미의 '5re시대'가 열렸다는 뜻이다.

Reflect 언제까지나 개발 일변도의 정책을 지속할 수는 없음을 이제 모두가 안다. 오로지 경제 부흥만을 위해 숨 가쁘게 달려온 우리 삶을 돌아볼 때가 되었다. '가난 극복'을 넘어 이제 '국민 행복'을 추구하고 있다.

Reduce 소비가 미덕이던 무책임한 자본주의는 그 효용 가치를 상실했다. 에너지 공급을 늘리기보다 우선 절약할 방도부터 찾아야 한다. 스스로 자신의 수요를 줄여 남과 나누는 '따뜻한 자본주의'가 확산되고 있다.

Reuse 재활용에 앞서 재사용이 중요하다. 재활용에는 사용하던 물건을 분쇄하여 새로운 제품을 만드는 공정 단계가 포함되어 있으며 적지 않은 시간과 에너지가 소요된다. 재활용하면 된다며 일회용 컵을 남용하는 것보다 자기만의 텀블러를 가지고 다니는 것이 훨씬 환경 친화적인 행동이다.

Recycle 어느덧 우리 국민의 재활용 습관은 수준급에 이르렀다. 그러나 습관은 서서히 몸에 배어가건만 여전히 정책과 시설이 따라주지 못한다. 우리는 기껏해야 종이, 유리, 깡통, 플라스틱 정도로 분리수거 하지만 재활용 선진국에서는 전구, 배터리, 전자제품까지 세분하여 모은다. 우리도 조금만 더 분발했으면 좋겠다.

Restore 생명의 역사 30억 년 동안 지구의 표면을 우리 인간만큼 대대적으로 바꿔놓은 동물은 없다. 현생인류의 역사 25만 년에서 지난 100년만큼 엄청난 환경 파괴를 저지른 역사도 없다. 이제 우리가 저지른 과오를 우리 스스로 씻어내야 한다. 다음 세대에게 우리가 물려받은 자연보다 좀더 나은 자연을 물려주고 싶다. 그래야 한다.

생명 사랑, 다양성, 창발, 멋

신설 기관인 국립생태원의 초대 원장이 되어 맨 먼저 한 일은 기관의 비전과 핵심 가치를 정하는 것이었다. 상당한 토론을 거쳐 "자연환경의 보전과 생태 문화의 확산을 도모하여 지속 가능한 미래 구현에 기여한다"는 비전과 함께 "생명 사랑, 다양성, 창발, 멋"을 핵심 가치로 정했다. 특히 우리가 선정한 핵심 가치는 국립생태원에만 유효한 게 아니라 우리 사회 전체가 공유해도 좋을 듯해 소개해보련다.

2014년 우리는 '생명 사랑' 정신의 부재로 인해 꿈에도 잊지 못할 아픔을 겪었다. 세월호 침몰은 승객의 안전을 최우선 핵심 가치로 삼아 마땅한 한 업체의 생명 경시 때문에 일어난 어처구니없는 사고였다. 생명 탄생은 과학적으로는 불가능한 확률의 기적이요, 종교적으로는 한없는 신의 축복이다. 이처럼 고귀한 생명을 부여받았다면 모름지기 다른 생명을 사랑할 의무가 있다.

생태학은 한마디로 '다양성'을 연구하는 학문이다. 이 엄청난 생물다양성이 어떻게 진화해 공존하고 있는가를 과학적으로 조사하고 분석하기 위해 국립생태원에는 참으로 다양한 인재들이 모였다. 정부 기관, 민간 기업, 시민단체, 학계 등에서 서로 다른 경험을 쌓은 사람들이 함께 일하기란 결코 쉽지 않다. 그러나 나는 균일 집단의 일사분란보다 다양성이 만들어내는 '창발創發' 효과에 훨씬 큰 기대를 건다. 하위 수준에는 없던 속성이 그들이 모여 상위 계층을 이루면서 새롭게 출현한다는 '창발'은 내가 10여 년 전 우리 사회에 화두로 던진 '통섭'의 개념과 맥을 같이한다.

끝으로 '멋'은 그 뜻을 정확하게 규정하기 어려운 말이다. '멋'은 감각적 개념의 '맛'을 감성적으로 표현한 말로서 됨됨이나 행동의 품격이 세련되고 여유로움을 뜻한다. 오천 년 역사를 통틀어 단 한 번도 부유해본 적 없지만 우리는 멋을 아는 민족이었다. 그러나 언제부터인가 우리는 돈 몇 푼을 탐하느라 멋을 잃었다. 앞으로 우리 국립생태원은 다양함을 창발로 승화시키며 '생명 사랑' 정신을 온 누리에 되살리는 '멋'진 기관으로 우뚝 서리라. 우리 사회도 덩달아 그랬으면 좋겠다.

에코뱅크

생명과학의 시대를 견인한 일등공신을 꼽으라면 나는 촌음의 머뭇거림도 없이 젠뱅크GenBank라고 답할 것이다. 1979년 미국 국립로스앨러모스연구소의 핵물리학자 월터 고드Walter Goad가 DNA 염기배열 정보를 모으기 시작한 게 발단이 되어 1982년 미국 국립보건원NIH에 '유전자은행'이 세워졌다. 재원은 거국적으로 마련되었다. 국립보건원은 물론 미국과학재단, 국방부, 에너지부가 공동으로 참여했다. 덕분에 젠뱅크는 18개월마다 데이터양이 두 배로 증가하며 30년 만에 무려 10만여 생물종의 유전 정보를 보유하게 되었다. DNA를 연구하는 세계 모든 학자가 정보를 입력하고 누구든 자유롭게 그 정보를 사용하여 분석할 수 있도록 데이터베이스를 공개한 덕에 유전학이 폭발적으로 발달했다.

나는 10여 년 전부터 생태학 분야의 젠뱅크라 할 수 있는 에코뱅크EcoBank의 구축을 꿈꿔왔다. 유전 정보로 시작한 생물학의 빅데이터BigData는 결국 생태 정보의 집결로 마무리될 것이다. DNA 정보는 단순히 네 염기의 첫 글자들(A-C-G-T)로만 구성되어 있지만 생태계 정보는 생물종 목록에서부터 그들과 환경과의 관계에 이르기까지 엄청나게 다양한 정보를 수록해야 한다. 규모는 엄청나지만 생태 정보는 이미 세계 여러 기관에 다양한 형태로 수집되고 있다. 이제 그들을 한데 엮는 플랫폼을 만들 때이다.

기후변화에 관한 정부 간 협의체인 IPCC와 더불어 생물다양성 문제를 논의하는 새로운 국제기구인 IPBES(생물다양성과학기구)가 설립되었다. 우리나라는 비록 사무국 유치에는 실패했지만 생물다양성 정보를 관리하는 전담 부서를 맡아 2014년 국립생태원에 기술지원단이 마련됐다. 이제 드디어 나의 오랜 숙원인 에코뱅크 구축을 구현할 수 있게 되었다. 미국 국립보건원NIH이 젠뱅크를 유치하여 세계 유전학 연구의 메카로 급부상한 것처럼 한국 국립생태원NIE이 에코뱅크로 세계 생태학의 중심으로 우뚝 서게 될 것이다.

○——— 생명 특허

2013년 미연방대법원은 미국시민자유연합ACLU이 생명공학 회사인 미리어드 제네틱스를 상대로 제기한 특허권 무효 소송에서 만장일치로 원고의 손을 들어줬다. 미리어드 제네틱스는 1998년 유방암과 난소암 발병 과정에서 발견되는 돌연변이 유전자 BRCA1과 BRCA2를 추출하여 특허권을 얻어냈다. 이 때문에 환자들은 그동안 1,000달러 미만의 진단에 무려 3,300달러를 내야 했다. 미연방대법원은 판결문에서 "인간 DNA는 자연의 산물로서 인체에서 특정 DNA를 발견하여 분리해냈다는 이유만으로는 특허 대상이 될 수 없다"고 밝혔다.

개인적으로 나는 감회가 새롭다. 일찍이 2001년에 출간한 『과학 종교 윤리의 대화』라는 책에서 다음과 같이 주장한 바 있다. "생명과학 정보와 기술은 발견하는 것이지 발명하는 것이 아니다. 새로운 과학 발견에 특허를 준다는 것은 어딘가 모순이 있어 보인다. [……] 인간은 물론 다른 모든 생명체 안의 유전자에 관한 정보들에 선진국들이 특허를 내며 독점하는 행위에 제동을 걸어야 한다." 당시 나는 국가 간의 불평등 관점에서 문제를 제기했지만 미국에서는 이 문제가 개인 간 불평등의 문제로 부각된 것이다.

특허권은 노벨의 다이너마이트, 벨의 전화기 그리고 삼성전자와 애플의 특허 전쟁에서도 보듯이 개인과 기업의 창의 의욕을 고취하여 산업 발전에 기여하는 순기능이 있지만 새로운 연구자의 진입을 저해하고 사회 갈등을 조장하는 악영향도 만만치 않다. 엄연히 자연에 존재하는 천연물질을 먼저 돈을 들여 추출했다고 해서 그들의 재산권을 보호해주는 것은 아무리 생각해도 민주적인 자본주의가 아닌 것 같다.

인도의 환경운동가 반다나 시바는 『자연과 지식의 약탈자들』에서 이러한 갈등을 생태학의 관점에서 조망한다. "자연은 문화로부터 분리되면서 예속되었다. 정신은 물질과 분리되면서 물질을 지배하게 되었다. [……] 생태학은 우리와 자연의 관계가 조화를 이루는지 아니면 그렇지 못한지를 인식하는 것이다. 연결과 재생의 정치는 생태적 파괴를 불러일으키는 분리와 분열의 정치에 대한 대안을 제공해준다. 바로 '자연과의 연대' 정치이다." 이번 판결이 자연을 약탈과 돈벌이의 수단으로만 보는 어리석음을 넘어 연대의 대상이라는 깨달음으로 이어지기 바란다.

경제성과 생태성

박근혜 대통령은 2013년 4월 4일 세종시 정부세종청사에서 국토교통부와 환경부의 업무 보고를 받으며 "정부의 국정기조인 경제부흥과 국민 행복을 개선하려면 경제와 환경, 개발과 보전의 가치관이 더 이상 대립해서는 안 되며 갈등 해소 대책을 마련해야 한다"고 전제하고 "국토부와 환경부 업무 보고를 같이 받는 이유도 앞으로 두 부처가 창의적 협업을 통해 개발과 환경의 패러다임을 바꿔달라는 뜻"이라며 "두 부처가 동반자 관계를 구축해서 조화롭고 지속 가능한 국토 관리가 이뤄질 수 있도록 노력해달라"고 당부했다.

하루빨리 지긋지긋한 가난에서 벗어나야 했던 20세기에는 경제 부흥만이 유일한 국정 목표였지만 이제 21세기의 최고 덕목은 단연 지속 가능성 sustainability이다. 1987년 유엔 브룬틀란트 위원회 Brundtland Commission는 지속 가능성을 "미래 세대의 요구를 해치지 않는 범위 내에서 현재 세대의 필요를 충족하는 것"이라고 정의했다. 하지만 지속 가능성은 때로 '지속적인 발전'으로 오해받을 정도로 상당히 모호한 개념이다. 개인적으로 나는 '지속 가능한 발전'을 "경제성과 생태성의 평형을 모색하는 행위"라고 규정하는데, 그러면 개념이 한결 뚜렷해진다.

경제적 타당성economic feasibility을 의미하는 '경제성'이라는 단어는 우리가 늘 쓰고 살지만 '생태성'은 다소 생소할 것이다. 그러나 경제학에서 경제성의 개념이 나왔듯이 생태학도 "생태계의 온전한 정도ecological integrity" 즉 생태성을 측정하고 분석할 수 있어야 한다. 경제학eco-nomics과 생태학eco-logy은 같은 어원을 지니고 있다. 둘은 어쩌면 태어나자마자 헤어진 형제일지도 모른다. 그동안 형님인 경제학은 부자로 살았고 아우인 생태학은 그야말로 손가락을 빨았다. 그런데 요즘 형님이 이 아우를 찾는단다.

경제학과 생태학이 만나고 있다. 개발과 보전은 더 이상 제로섬 게임zero-sum game이 아니다. "대형 개발 사업이나 환경 보존 사업의 경우 전문가와 국민의 의견을 충분히 수렴해 막대한 국가 예산이 들어가는 일은 철저히 검증해야 할 것"이라는 대통령의 주문은 정확하게 경제성과 생태성을 함께 분석하라는 뜻이다.

○──── 고품격 복지와 웰빙

아시아 최대 시민환경단체인 '환경운동연합'이 창립된 지도 어언 20년이 넘었다. 2013년 4월 2일 환경운동연합의 20주년 기념식에 함께한 윤성규 환경부 장관은 축사에서 "환경 복지는 고품격 복지"라는 참신한 정의를 내놓았다. 정치권이 앞다퉈 복지를 떠들지만 자세히 들여다보면 복지에 관한 벼락공부의 흔적이 역력한데 유독 환경부 장관의 학습 능력이 돋보이는 순간이었다.

유엔은 코피 아난 사무총장 시절인 2001년부터 세계 95개국의 생태학자 1,360명을 동원하여 '밀레니엄 생태계 평가MEA' 사업을 하고 있다. 이 사업의 결과물들이 해마다 차곡차곡 쌓이고 있지만 특히 2005년 보고서에 실려 있는 웰빙well-being과 일빙ill-being의 비교 도표를 눈여겨볼 필요가 있다. 그에 따르면 일빙이란 내가 내 삶의 주인이 아니라고 느끼는 무기력함, 빈약한 사회관계망, 물질적 빈곤, 허약한 건강 상태, 사회 불안의 다섯 요소가 상호작용하며 만들어내는 상태이다.

자연스레 이 모든 것의 반대 상태가 웰빙을 담보할 텐데, 그중에서 특히 건강과 사회 안전은 자연생태계의 건강성과 직접적으로 연결되어 있다. 그래서 MEA는 이제 가난한 사람들에게 의료비와 생활비 정도를 지원하는 수준의 전통적인 인간 복지human well-being뿐 아니라 생태계 복지 ecosystem well-being를 함께 살펴야 국가 전체의 복지가 완성된다고 설명한다. 중국이 초강대국으로 급부상하고 있지만 제아무리 세계 제일의 경제대국이 된다 해도 삶의 질이 높은 선진국이 되기는 글러 보인다. UCLA 지리학과의 재러드 다이아몬드 교수는 그의 저서 『문명의 붕괴』에서 환경 파괴를 저지른 문명치고 망하지 않은 문명이 없음을 지적하며 중국도 예외가 아닐 것이라 예측했다.

환경 복지의 핵심이 바로 생태계 복지이다. 박경리 선생은 생전에 '환경'이라는 말보다 '생태'라는 말을 사랑하셨다. 환경이라고 말하면 왠지 인간을 제외한 객체라는 느낌이 들어 자꾸 관리하려 들지만, 생태에는 당연히 인간도 포함되어 있어 저절로 공존을 떠올리게 된다고 설명하셨다. 지난 대통령 인수위원회에 환경부를 환경생태부로 부르자고 제안해볼 걸 하는 후회가 막급하다.

회초리와 마중물

2015년 온실기체 배출권 거래제 시행을 위해 환경부가 마련한 할당 계획안을 두고 재계의 반발이 거세다. 배출권 거래제가 도입되면 기업의 부담이 커지는 건 사실이다. 그러나 기후변화로 인한 인류 생존권 위협이 현실로 드러나는 상황에서 가장 큰 원인 제공자 중의 하나인 기업이 이처럼 대놓고 발뺌하는 모양새는 결코 좋아 보이지 않는다.

『정의란 무엇인가』의 저자 마이클 샌델 하버드 대학교 교수는 그의 다른 책 『돈으로 살 수 없는 것들』에서 배출권 거래제가 과연 도덕적인지 묻는다. 국립공원에 쓰레기를 버려 벌금을 부과받았다면, 그것은 단순히 청소비용을 지불하라는 게 아니라 사회 전체가 함께 향유해야 하는 자연환경을 훼손한 데 대한 처벌을 의미한다. 샌델은 부유한 국가가 다른 국가로부터 배출권을 사서 스스로 배출량을 줄여야 하는 의무를 피할 수 있도록 해준다면 범국가적 기후변화 대응에 절대적으로 필요한 공동 희생정신을 포기하는 것이라고 비판한다. 대기업 회장이 비즈니스의 효율을 높이기 위해 기꺼이 비싼 벌금을 내고라도 장애인 전용 주차 공간에 차를 세우려는 행위를 우리는 용납하지 않는다. 배출권 거래제가 기업의 도덕성에 면죄부를 주는 건 결코 아니다.

그러나 우리 기업이 당황하는 데에도 일리는 있다. 오랫동안 우리 정부는 기후변화 관련 회의에 다녀온 후 온실기체 감축 의무국에 끼지 않기 위해 펼친 '미꾸라지 전략'의 성공담을 늘어놓으며 국민을 안심시키느라 여념이 없었다. 그러다가 어느 날, 정확히 말하면 2008년 8월 15일 우리 정부는 돌연 '저탄소 녹색성장'을 새로운 국가 비전으로 내세우며 기업에 시한폭탄을 안겼다. "매도 먼저 맞는 놈이 낫다"라는 옛말이 무색한 순간이었다. 일찌감치 감축 의무국이 되어 '21세기 탄소경제'에 대한 준비를 마친 선진국들 앞에 갑자기 발가벗긴 채 끌려 나온 형국이었다. 윤성규 환경부 장관은 '마중물'이라는 표현을 즐겨 사용한다. 원칙의 회초리는 절대로 거두지 말아야 하지만 진정으로 힘들어하는 기업에는 따뜻한 마중물 배려를 아끼지 않았으면 한다.

○——— 땅

1992년 작 미국 영화 「파 앤드 어웨이Far and Away」(감독: 론 하워드)에는 황당한 '땅 따먹기' 장면이 나온다. 톰 크루즈가 빌린 말을 타고 전력 질주하여 도달한 곳에 말뚝을 박고 환호하는 장면 말이다. 아무리 영화라지만 이 세상 천지에 어디 그런 빈 땅이 있어 그저 달려가 말뚝만 박으면 자기 땅이 된단 말인가? 하지만 이 장면은 1893년 9월 16일 정오에 지금은 오클라호마 주가 된 당시 체로키 인디언 지역에서 실제로 있었던 일을 재현한 것이다. 무려 10만 명이 참여하여 2만 6,000제곱킬로미터의 땅을 나눠 가졌다. 서부를 개척하기 위해 사람의 손이 절실했던 시절에 벌어진 진기한 풍경이었다.

그런가 하면 1854년 땅을 매입하겠다는 당시 프랭클린 피어스 미국 대통령에게 보낸 시애틀 추장의 답신은 참으로 대조적이다. "어떻게 하늘을, 그리고 땅의 온기를 사고 팔 수 있나요? 우리에게는 매우 낯선 개념입니다. 만일 우리가 공기의 청정함과 물의 청량함을 소유하는 게 아니라면, 어떻게 당신이 그걸 살 수 있겠습니까?" 그는 또 이렇게 말했다. "인간은 그저 지구를 공유할 뿐입니다. 우리는 땅을 보호할 뿐 소유하지 않습니다." 땅에 대한 북미 인디언과 유럽에서 이주해온 서구인의 생각은 이처럼 하늘과 땅이었다.

지난해 현대차 그룹이 한국전력 부지 입찰에 무려 10조 5500억 원을 제시하며 인수에 성공했다. 정몽구 회장은 애당초 눈치작전일랑 염두에도 두지 않은 듯싶다. 깃발이 내려지자마자 성큼성큼 달려가 확실한 말뚝을 박으며 다시 한 번 그의 두둑한 배짱을 과시했다. 일단 시장의 반응은 차갑다. 정 회장의 주식가치가 4000억 원 가까이 줄었단다. 평소 정 회장은 쩨쩨한 계산보다는 명분과 실리 위주로 문제를 단순화하여 용단을 내리는 리더라고 들었다. "사기업이나 외국 기업이 아니라 정부로부터 땅을 사는 거라 금액을 결정하는 데 마음이 한결 가벼웠다. 국가에 기여한다고 생각해 큰 금액을 제시했다." 이거면 내게 충분하다. 현대자동차의 화려한 부활을 기원한다.

DMZ 세계생태평화공원

박근혜 대통령이 2014년 7월 출범한 통일준비위원회의 위원장을 맡았다. '통일 대박'의 과정을 직접 진두지휘하겠다는 뜻이다. 한반도 통일이 '대박'이 되리라는 예측은 세계 지도자들로부터 광범한 지지를 얻고 있다. 그 한반도 통일의 한복판, 적어도 지리적으로 정중앙에 비무장지대DMZ가 있다. 박 대통령은 이미 DMZ를 '세계평화공원'으로 만들겠다고 공언했다. 나는 거기서 한 발짝 더 나아가 '세계생태평화공원'이 되어야 한다고 생각한다.

DMZ는 60년 이상 인간의 접근이 금지되어 온대기후대에서 자연환경이 가장 완벽하게 보존된 생태 보고寶庫이지만 기껏해야 폭 4킬로미터의 좁고 길쭉한 띠 모양의 땅에 불과하다. 치밀한 준비 없이 덜컥 통일이 되면 휴전 협정으로 끊어진 도로부터 개통하려 들 것이다. 적어도 철도 둘, 국도 여섯, 지방도 예닐곱 개가 대기하고 있다. 보전생태학의 '서식지 단편화habitat fragmentation' 원리에 따르면 이 길들만 다 연결해도 DMZ는 보존할 가치조차 없는 허드레 토막 땅이 되고 만다. 생태에는 국경이 없다. DMZ는 더 이상 우리만의 것이 아니다. 통일 한국이 만일 이런 '생태 쪽박'을 저지르면 국제사회가 용서치 않을 것이다.

정부는 지금 제조업보다 훨씬 부가가치가 높은 관광산업 개발에 박차를 가하고 있다. 지금도 많은 외국 관광객들이 판문점을 찾는다. 분단의 역사와 자연생태의 융합은 그야말로 '대박' 관광상품이다. DMZ를 지나는 모든 도로를 고가도로나 터널로 만들고 전체를 통째로 하나의 공원으로 보전해야 한다. 김규한 한국지질자원연구원장은 DMZ를 지오파크geo-park, 즉 세계지질생태평화공원으로 만들자고 제안했다. 두루미, 재두루미, 검은부리저어새 등 세계적 멸종 위기 철새들의 중간 기착지이자 한반도 전체 식물의 3분의 1, 조류의 5분의 1, 포유동물의 2분의 1에 달하는 생물다양성은 물론이요 기묘한 노두露頭의 지질다양성도 풍부한 곳이 바로 우리의 DMZ이다. DMZ는 남북의 통일 대화에 가장 중요한 화두이자 통일준비위원회의 핵심 주제가 되어야 한다.

생태선진국을 꿈꾸며

극적으로 이뤄진 남북 고위급 회담 덕택에 DMZ 세계생태평화공원 조성과 경원선 복원이 급물살을 타고 있다. 그동안 결코 평화스럽지 못했던 '평화'라는 단어 때문에 남북 협력을 이끌어내기 어려웠는데 이제 '생태'의 부드러움이 단절의 벽을 조금씩 허물기 시작했다. 그 첫걸음으로 우리 정부는 2015년 8월 백마고지 역에서 월정리 역까지 9.3킬로미터의 경원선 구간 복원 사업에 착수했다. 경원선이 복원되면 마식령 스키장을 비롯한 북한의 '원산―금강산 국제관광지구' 사업도 활기를 띨 것이다.

이번 정부의 기획안에 귀한 배려가 하나 눈에 띈다. 원래 경원선은 옛 태봉국 도성지를 관통했는데 새 경원선은 유적지를 우회하여 건설된다. 대한민국이 문화선진국이 돼가고 있다는 작은 증거이리라. 나는 내친김에 또 하나의 배려를 주문하련다. 복원할 구간 26.5킬로미터 중 적어도 DMZ 구간 4~5킬로미터는 반드시 고가 철도로 건설해줄 것을 요청한다. 그리하면 문화선진국과 더불어 생태선진국이 될 수 있다. 어차피 낙타고지와 평강고원을 통과할 테니 충분히 고려할 가치가 있다고 생각한다.

DMZ 세계생태평화공원 조성과 경원선 복원은 분리된 사업이 아니다. 온대 생태계 제일의 생물다양성 보고인 DMZ는 전역을 한 덩어리로, 혹여 그게 불가능하더라도 몇 개의 큰 덩어리로 보전해야 한다. 김대중 정부는 너무 서두른 나머지 경의선과 동해선을 고가로 만들지 못했지만 경원선부터는 생태적으로 건설해야 한다. 그래야 통일과 함께 연결될 금강산철도를 비롯해 6개의 국도와 6~8개의 지방도 역시 고가로 만들 수 있다.

DMZ는 사실 그리 넓은 땅이 아니다. 기껏해야 길이 248킬로미터에 폭 4킬로미터로 미국 옐로스톤 국립공원의 10분의 1도 안 되는 땅덩어리다. 만일 이 좁고 길쭉한 땅을 열댓 개의 철도와 도로가 가로지르면, 우리는 그토록 그리던 통일을 이룰지 모르지만 DMZ 동물들에게는 그 순간부터 아픈 분단의 역사가 시작된다. 분단 한국은 역설적으로 관광거리가 되었지만 분단 생태계는 아무도 보러 오지 않는다.

4

배움과 나눔　예술　창의성　행복

나의 서점관망기

몇 년째 행복에 관한 책들이 꾸준히 출간되고 있다. 그중에서도 런던정치경제대학교 사회정책학과 교수인 폴 돌런의 저서 『행복은 어떻게 설계되는가』는 행복한 삶을 설계하는 구체적이고 실질적인 행동 전략을 제시한다는 점에서 한결 돋보인다. 행동경제학자인 그는 이른바 '수확체감의 법칙'에 입각하여 지금 하고 있는 활동으로부터 얻는 행복이 줄어들기 시작하면 상대적으로 더 즐거운 다른 활동으로 옮기라고 주문한다. 특히 생각이 아닌 행동을 바꿔야 한다고 강조한다. 막연하게 '마음을 바꾸라'는 식이 아니라 자신을 불행하게 만드는 일을 그만두고 즐거움과 목적의식이 일치되는 경험을 할 수 있도록 습관과 행동을 새롭게 설계하라고 충고한다.

행복해지는 한 방법으로 그는 이메일과 SNS 사용을 줄이고 독서량을 늘리라며 다음과 같은 구체적인 행동 요령을 제안한다.

1. 집의 모든 방에 책을 둔다.
2. 인터넷 홈페이지 초기 화면을 서평 웹사이트로 설정한다.
3. 친구와 도서전에 갈 약속을 잡는다.
4. 책을 읽고 비평하는 그룹에 가입한다.

여기에 나는 내가 지난 20여 년간 개인적으로 해온 노하우를 하나 보태려 한다. 이름 하여 '나의 서점관망기書店觀望記'라고 해 두자.

나는 외국에 나갈 때마다 틈을 내어 좋은 서점을 찾는다. 지나치게 신간 위주로 진열하는 우리나라 대형 서점들과 달리 서양의 서점들은 굵직굵직한 학문 분야별로 양서들을 가지런히 꽂아두기 때문에 나는 생물학, 과학 일반, 철학, 사회학, 심리학, 경제학 서가 앞에 서서 몇 시간씩 그저 제목만 읽는다. 몇 달에 한 번씩 이처럼 제목만 통관通觀해도 학문의 흐름을 짚어낼 수 있다. 어느 해 홀연 새롭고 흥미로운 제목이 내 마음을 훔친다 싶으면 이내 몇 년 내로 비슷한 제목의 책들이 쏟아져 나온다. 이쯤 되면 나의 '서점관망기'는 '학문관망기'가 된다. 이러면서 내 눈에 든 상당수의 책들은 서점에서 내 서고로 자리를 옮기고 나는 점점 더 못 말리는 책벌冊閥이 된다. 나의 통섭은 이렇게 서점에서 시작된다.

○——— '인터넷의 역설'

존 판던의 『오! 이것이 아이디어다』라는 책에는 우리 인간이 고안해낸 가장 위대한 아이디어 50가지가 소개되어 있다. 수천 명의 영국인들이 설문에 참여하여 작성된 이 목록에는 음악(4위), 불(5위), 민주주의(14위), 전기(22위), 자본주의(42위) 등 쟁쟁한 아이디어들이 총망라되어 있다. 그런데 피임은 당당히 3위에 올랐건만 결혼은 겨우 50위로 아슬아슬하게 턱걸이했다. 가장 큰 격세지감은 지상 최고의 아이디어에서 나왔다. 문자를 제치고 인터넷이 1위에 등극한 것이다. 문자가 없다면 인터넷은 소용이 없을 텐데.

10여 년 전 일본에 갔을 때 도쿄 지하철 안에서 사람들이 제가끔 책을 읽고 있는 모습을 보며 무척 부러웠던 기억이 난다. 우리도 지하철이 점차 편리해지며 한때 제법 많은 사람들이 책을 펼치기 시작했었다. 잠시 그러는가 싶더니, 웬걸 지하철 독서가 미처 뿌리를 내리기 전에 그만 스마트폰이 등장해버렸다. 요즘 지하철 안에서 주위를 둘러보면 열 명 중 족히 예닐곱은 모두 스마트폰에 얼굴을 박고 있다. 스마트폰은 황소개구리다. 어느 날 갑자기 나타나 우리나라 출판문화 생태계를 초토화시켰다.

인터넷의 등장과 함께 책이 사라질 것이라고 예측하는 미래학자들이 있었지만 나는 동의하지 않는다. 인터넷은 이른바 '지식 부자'에게는 더할 나위 없이 이롭지만 정보의 진위나 가치를 판단할 능력이 없는 '지식 빈자'에게는 오히려 해가 되기 쉽다. 움베르토 에코는 이를 두고 '인터넷의 역설'이라 일컫는다. 세상은 점점 더 스마트해져 가는데 정작 사람들은 점점 덜 스마트해지는 것 같다. 스마트폰을 깜빡 집에 두고 나오면 자기 집 전화번호도 기억하지 못하고, 어느덧 내비게이션 없이는 여행을 떠날 엄두도 못 낸다. 필요한 정보를 찾는답시고 인터넷 바다에서 파도타기를 하느라 허우적거리는 사람을 보면 지식을 얻기 위해 책을 읽겠다면서 실제로는 직접 책을 쓰느라 생고생을 하는 사람처럼 보인다. 책이란 나름 검증된 전문가가 우리 대신 많은 시간을 들여 정보를 검색한 다음 유용한 지식들만 한데 묶어놓은 것이다.

내일 우리 모두 가까운 책방에 들러 책 한 권씩 삽시다. 책 읽는 사람이 성공하고 책 읽는 나라가 번영합니다.

○——— 고전과 창의성

2015년은 『이상한 나라의 앨리스』가 출간된 지 150주년이 되는 해이다. 1862년 7월 4일 수학자 찰스 도지슨Charles Dodgson은 옥스퍼드 대학교 헨리 리델 부총장의 어린 세 딸과 함께 옥스퍼드 교정에서 가드스토우Godstow라는 마을까지 보트 여행을 한다. 그는 심심해하는 어린 세 소녀들에게 당시 10살이던 둘째 딸 앨리스의 이름을 딴 어느 소녀의 모험담을 즉흥적으로 들려주었다. 소녀들은 그의 이야기에 열광했고 급기야 앨리스는 그에게 그가 한 이야기를 글로 써달라고 요청했다. 이렇게 시작하여 3년 후에 그가 '루이스 캐럴'이라는 필명으로 출간한 이 책은 지금까지 적어도 174개국 언어로 번역되어 어린이는 물론 어른도 즐겨 읽는 고전이 되었다.

종교학자 정진홍 선생은 고전을 "되읽혀지는 책, 그래서 두 번, 세 번 다시 읽을 때마다 책도 나도 새로워지면서 삶 자체가 낯선, 그러나 반가운 것이 되도록 하는 책"이라고 정의하신다. 고전의 기준이 반드시 '되읽기'일 까닭은 없지만 "되읽으면 이전에 읽을 때 만나지 못했던 새로움을 경험하기 마련"이란다. 나는 이 책을 사실 미국에서 유학하던 30대 초반에 영어로 읽었다. 지금까지 이 책을 열 번 이상 읽었고 읽을 때마다 이전에 만나지 못했던 새로움을 경험하곤 했다. 사실 나는 이 책의 속편 『거울나라의 앨리스』를 더 많이 읽었다. 앨리스가 붉은 여왕에게 손목을 붙들린 채 큰 나무 주위를 숨이 찰 지경으로 달리지만 제자리걸음을 면치 못하는 이야기는 훗날 진화학자 밴 베일런에 의해 다윈의 '성선택론'을 가장 탁월하게 설명하는 '붉은 여왕 가설'로 재탄생했다. '성선택론'을 소개한 다윈의 책 『인간의 유래』와 『거울나라의 앨리스』는 1871년 같은 해에 출간되었다.

창의성과 사기성은 왠지 백지 한 장 차이일 것 같다. 미국 작가 알렉산더 체이스Alexander Chase는 "상상력이 가장 풍부한 사람이 가장 쉽게 믿는다"고 했다. 속는 셈치고 창조경제혁신센터마다 루이스 캐럴의 책들을 비치했으면 좋겠다.

○——— 날것의 에로티시즘

대산문화재단과 한국작가회의는 해마다 '탄생 100주년 문학인 기념문학제'를 연다. 2014년 5월 8일에는 광화문 교보빌딩에서 김광균, 김사량, 오영수, 유향림, 이용악, 장만영의 작품 세계에 관한 심포지엄이 열렸고 그다음 날 밤에는 우리 집에서 불과 100여 미터 남짓 떨어진 연희문학창작촌에서 '너의 사투리로 때아닌 봄을 불러줄게'라는 이름의 낭독회가 있었다. "차단—한 등불이 하나 비인 하늘에 걸려 있다"로 시작하는 김광균의 「와사등」은 내 또래라면 누구나 시험을 대비해 달달 외웠던 시다. 한국문학에 모더니즘 바람을 불러일으킨 대표작이라던 국어 선생님의 설명이 지금도 귀에 쟁쟁하다.

이 여섯 명의 문인들 중에서 나는 개인적으로 시인 장만영과 소설가 오영수에 대해 각별한 추억을 지니고 있다. 중학교 2학년 어느 날 우연히 따라간 백일장에서 나는 뜻밖에 시 부문 장원을 거머쥐었다. 여느 해처럼 국어 선생님이 심사했으면 문예반원도 아닌 내가 뽑히기 힘들었을 텐데 그해에는 장만영 선생이 외부 심사위원으로 오신 덕에 내가 행운을 얻은 것이라고 생각한다. 특히 "뛰어나게 우수하다"는 선생의 극찬은 나를 글쟁이로 만들어준 가장 큰 원동력이었다.

나름 문인이 되기로 작정한 그 무렵 어머니가 〈한국단편문학전집〉을 사주셨다. 김동인의 「배따라기」로 시작하여 선우휘의 「불꽃」으로 끝난 전집의 소설 수백 편 중에서 막 성에 눈뜨기 시작한 내게 가장 외설적으로 다가온 작품이 바로 오영수의 「메아리」였다. 6.25전쟁이 끝난 다음 산속에 들어가 살던 젊은 부부가 "움막에서 훨훨 벗고는 앞만 가리고" 뒷개울로 올라가 멱을 감고 "기어코 알몸인 아내를 알몸에 업고 내려오"는 얘기일 뿐인데 해마다 무더운 여름날이면 어김없이 떠오른다. 노골적인 성희가 묘사된 것도 아니고 자연 속에서 자유로운, 그러나 여전히 부끄러운 남녀의 이야기에 지나지 않건만 내게는 그 어떤 소설보다도 아름다운 에로티시즘으로 다가온다. 날것의 자연보다 더 선정적인 것은 없다.

4′33″

매해 국립현대미술관이 선정하는 '올해의 작가상' 전시는 지난 2012년 전례 없이 네 팀의 작가들을 초대했다. 못 말리는 오지랖 덕택에 나는 이 전시에 초대된 문경원·전준호 작가와 함께 일하는 행운을 누렸다. 그들은 세계 최고 권위의 국제현대미술제 카셀 도쿠멘타 제13회 전시회의 초대 작가로 선정되어 예술의 사회적 기능과 역할을 재조명하는 '뉴스 프롬 노웨어News from Nowhere' 프로젝트를 준비하며 뜻밖에도 과학자인 내게 연락을 취해왔다.

오랜 고심 끝에 나는 「인간실록편찬위원회」라는 글을 쓰며 프로젝트에 참여했다. 먼 훗날 인간이 멸종한 후 새로운 지적 동물들이 지구의 역사를 돌이켜보며 마치 『조선왕조실록』처럼 인간에 관한 실록을 편찬한다는 가상의 글이다.

1917년 마르셀 뒤샹의 작품 「샘」이 행위자로서 예술가의 권위에 의문을 던지더니 1964년 앤디 워홀의 '브릴로 상자' 전시가 슈퍼마켓 진열과의 구분을 모호하게 만들며 미술은 포스트모더니즘의 시대를 맞았다. 한편 미국의 로큰롤 가수 척 베리는 1956년 "베토벤아 물러가라, 차이콥스키에게 소식을 전하라"며 음악을 혼란스럽게 했다. 클래식 음악계에서는 그보다 앞서 훨씬 더 고요하면서도 거센 격랑이 일었다. 존 케이지의 그 유명한 「4′33″」

가 작곡된 해가 1952년이었다. 청중의 박수를 받으며 무대에 오른 피아니스트가 무려 4분 33초 동안 건반 하나 누르지 않는다. 의도적으로 만든 소리가 아니더라도 세상에는 늘 '예술적 소리'가 존재한다는 것이다. 멈추면 비로소 들리는 것들이 있다.

이들 뒤샹, 워홀, 케이지의 예술이 진정 예술을 죽여버린 것일까? 내 글에서 「인간실록」을 편찬하는 동물들의 세계에는 예술이 존재하지 않는다. 그래서 그들은 인간 멸종의 원인을 아무 쓸모도 없어 보이는 예술의 낭비에서 찾으려 했다. 하지만 내 글은 끝없이 이어지는 위원회의 지겨움을 견디다 못해 종이 여백에 망연스레 알 수 없는 형태의 패턴을 긁적이던 두 친구의 시선이 마주치는 걸로 끝난다. 위대한 예술은 정원의 화초가 아니라 자기모순을 딛고 피어나는 잡초이다.

○——— 파란 마음 하얀 마음

미국 유학 시절에 만나 짧은 연애 기간을 거쳐 결혼한 우리 부부는 신혼 때 서로에게 많은 질문을 하고 대화를 나눴다. 결혼을 하고 나서야 비로소 서로에 대해 깊이 알아가는 과정을 거친 셈이다. 어느 날 아내가 내게 가장 좋아하는 동요가 무엇인지 물었다. 나는 잠시도 머뭇거리지 않고 「파란 마음 하얀 마음」이라고 답했다. 전쟁으로 상처받은 동심을 어루만지기 위해 1956년 당시 서울중앙방송국이 벌인 '밝고 아름다운 노래 부르기' 캠페인에서 선정한 동요이다. 아내는 내게 그 노래가 '4분의 3박자, 바장조'라고 가르쳐주며 내가 밝은 노래를 좋아한다고 반가워했다.

그러나 훗날 아들이 태어났을 때 내가 그 녀석을 안고 「섬집 아기」를 부르자 아내는 아기에게 왜 그렇게 슬픈 노래를 자장가로 불러주느냐며 펄쩍 뛰었다. 나는 세상에서 내가 두번째로 좋아하는 동요라고 항변하며 아내 몰래 아들에게 종종 들려주었다. 도약이 많지 않고 부드럽게 이어지는 선율 때문인지 「섬집 아기」를 자장가로 부르는 부모는 나뿐이 아니다. 하지만 이 노래를 자장가로 들려주면 특별히 예민한 반응을 보이며 심지어 눈물까지 흘리는 아기들 역시 적지 않다고 한다. 같은 바장조의 두 노래가 어쩌면 이리도 느낌이 다를 수 있는지 설명을 듣고 나도 여전히 신기하다.

「파란 마음 하얀 마음」이 폭넓게 사랑받은 데에는 작곡가 한용희 선생의 수려한 곡 덕택이 크지만, 그 못지않게 아동문학가 어효선 선생의 가사도 한몫했다. 그저 1절만 기억하는 다른 많은 노래들과 달리 이 노래는 누구나 대개 2절까지 내리 부른다. 1절과 2절의 가사가 파랗고 하얀 차이 외에 그저 '여름'과 '겨울,' '나무'와 '지붕,' '파아란 하늘'과 '깨끗한 마음'이 다를 뿐이다. 내가 일하고 있는 충남 서천의 국립생태원에는 겨울이 되면 하얀 눈이 소복이 쌓인 지붕 위로 '파아란 하늘'이 그림처럼 아름답게 펼쳐진다. 파란 여름과 하얀 겨울이 함께 찾아온 듯한 착각이 들어 마냥 흥겹다.

행복의 수학 공식

「마이 시스터즈 키퍼」(감독: 닉 카사베츠)라는 영화의 원작소설을 쓴 조디 피쿠가 또 다른 소설 『19분』에서 소개한 행복의 수학 공식이 있다. 그에 따르면 행복의 공식은 '현실÷기대'란다. 분수로 표현하면 현실은 분자이고 기대는 분모가 된다.

그렇다면 행복해지는 방법에는 두 가지가 있는 셈이다. 우선 분자인 현실을 개선하는 방법이 있다. 사람들은 대체로 이 방법을 사용하여 보다 행복해지려 한다. 그러나 요즘 같은 무한경쟁 시대에 이는 결코 만만한 방법이 아니다. 현실적으로 이보다 훨씬 쉬운 방법이 있다. 바로 분모를 작게 만드는 것이다. 분수의 값을 크게 하려면 분자를 키우는 것보다 분모를 줄이는 게 훨씬 효과적이다. 예를 들어 4분의 99에서 분자를 하나 키워본들 4분의 100 즉 25밖에 안 되지만, 분모를 하나 줄이면 3분의 99 즉 33이 된다. 법정 스님께서 설파하신 무소유를 실천하면 분모가 아예 0(영)이 되어 행복은 분자에 상관없이 무한대가 된다. 가난한 나라 부탄은 국민의 97퍼센트가 스스로 행복하다고 느낀단다.

대학 시절 어느 동아리 문집에 이런 글을 썼던 기억이 난다. "함박눈이 흩날리는 명동길을 걸어 벗들이 기다리는 찻집에 들어설 때 코끝을 간질이는 두향차 내음. 행복이란 이런 게 아닐까?"

내 주제에 뭘 원한다고 해서 그리될 리 있겠는가 생각하며 늘 별 것 아닌 일에 행복을 운운하며 살았던 것 같다. 남들은 간절히 바라면 이루어진다던데 나한테는 여태껏 가슴이 먼저 뛰고 나면 되는 일이 별로 없었다. 그래서 나는 기대만큼 안 되는 걸 기정사실로 받아들이고 작은 것에 만족하려 애쓰며 산다.

이렇게 얘기하면 자칫 내가 일찌감치 포기하고 노력조차 하지 않는 무기력한 삶을 사는가 싶겠지만 나는 사실 치열하게 노력하며 산다. 최선을 다하지만 내가 원하는 결과는 오지 않을 수 있다고 스스로 다독이며 살 뿐이다. 그러면서도 내가 원하는 것의 반만이라도 이뤄지면 얼마나 좋을까 숨죽이며 산다. 평생 그렇게 살았는데 뜻밖에 노력한 것보다 훨씬 더 많이 얻었다. 그래서 나는 행복하다.

피카소처럼 살자

20세기를 대표하는 두 천재를 꼽으라면 사람들은 흔히 아인슈타인과 피카소를 떠올린다. 둘은 모두 20세기 초반에 나란히 자신들의 대표적인 업적을 남겼다. 아인슈타인은 1905년 특수상대성 이론에 관한 논문을 발표했고, 피카소는 1907년 「아비뇽의 여인들」을 내놓으며 큐비즘의 시대를 열었다. 『아인슈타인, 피카소—현대를 만든 두 천재』의 저자 아서 밀러는 창의성이란 통합적 사고와 상상력에서 나온다고 주장한다. 특히 아인슈타인과 피카소는 언어적 사고보다 시각적 사고로 천재성을 드러냈다고 분석한다.

과학과 예술이라는 다분히 시각적인 분야에서 천재성을 발휘한 아인슈타인과 피카소는 많은 유사성을 지니지만 이들이 천재성을 드러낸 과정은 무척 다르다. 이들을 굳이 야구선수에 비유하자면, 아인슈타인은 타율은 그리 신경 쓰지 않고 그저 장타만 노리는 선수였다. 그의 상대성 이론은 아무나 칠 수 있는 그런 홈런이 아니다.

반면 피카소는 좋은 공, 나쁜 공 가리지 않고 열심히 방망이를 휘두르며 높은 출루율을 자랑한 선수였다. 워낙 자주 휘두르다 보니 심심찮게 홈런도 때렸고 때론 만루홈런도 나온 것이다. 피카소는 평생 엄청난 수의 작품을 남겼다. 그가 남긴 작품 중에는 솔직히 평범한 것들도 많다. 그러나 워낙 많이 그리다 보니 남들보다 훨씬 많은 수작을 남기게 된 것이다.

『예술가여, 무엇이 두려운가!』라는 책에 나오는 어느 도예 선생님의 이야기이다. 학급을 둘로 나눠 한 조는 각자 자신의 최고 걸작 하나씩만 내게 하고 다른 조는 제출한 작품 전체의 무게로 점수를 매기겠다고 했는데, 결과는 뜻밖에도 '질' 조가 아니라 '양' 조에서 훨씬 훌륭한 작품들이 나왔다고 한다.

요즘 우리 주변에는 단타에는 별 관심이 없고 그저 홈런만 노리는 선수들이 너무 많다. 스스로 물어보라, 자신이 아인슈타인인지. 고개를 떨구며 아니라고 답하는 선수들에게 나는 피카소처럼 살자고 권유하고 싶다. 머리만 좋다고 모두 대단한 업적을 내는 건 아니다. 섬광처럼 빛나는 천재성보다 성실함과 약간의 무모함이 때로 더 큰 빛을 낸다. 피카소처럼 그저 부지런히 뛰다 보면 어느 날 문득 저만치 앞서가는 아인슈타인의 등이 보일지도 모른다.

성공하는 입버릇

일본 작가 사토 도미오의 『인생은 말하는 대로 된다』라는 책이 있다. 우리 주변에는 매사를 부정적으로 말하는 사람들이 있다. 유심히 관찰해보라. 그런 이들 중에 성공한 사람이 몇이나 있는지. 인생이 마음먹은 대로 풀리지 않아 부정적으로 말하게 되는 경우도 있지만 부정적으로 말하다 보면 결국 인생을 망친다는 게 저자의 주장이다. 우리 뇌에는 오래된 뇌인 변연계와 새로운 뇌인 신피질이 공존하는데, 신피질에서 어떤 생각을 하느냐에 따라 변연계가 우리 몸의 생리를 그에 맞게 조율한다. 또한 우리는 다른 동물들과 달리 생각을 말로 내뱉는 순간 그걸 귀가 듣고 다시 뇌로 전해 효과가 가중된다. '실패하는 입버릇'에서 '성공하는 입버릇'으로 바꾸는 순간 인생이 180도 달라진단다.

평생 환경운동에 헌신해온 최열 환경재단 대표가 당신도 지인에게 들었다며 살면서 절대 하지 말아야 할 말 세 마디를 알려줬다. 바로 "바쁘다, 힘들다, 죽겠다"였다. 나는 종종 "대한민국에서 제일 바쁜 사람이 왔다"는 소개를 받는다. 타고난 오지랖을 어쩌지 못해 온갖 세상일에 두루 참견하느라 바쁜 건 사실이다. 그래서 어쩌면 나도 모르게 "바쁘다"는 말은 한두 차례 뱉었는지 모른다. 하지만 "힘들다" 또는 "죽겠다"는 말은 해본 기억이 없다. 그런데 어떤 이들은 아예 이 세 마디를 3종 세트로 묶어 "바빠서 힘들어 죽겠다"며 산다.

아내가 요즘 들어 부쩍 "힘들다"는 말을 입에 달고 산다. 타고난 책임감 때문에 무슨 일이든 맡으면 거의 목숨 걸고 하는 성격인데, 대형 연구 프로젝트를 수행하는 것도 모자라 얼마 전부터는 학교 보직까지 맡아 정말 눈코 뜰 새 없이 바쁘다. 아무리 책임감 때문이라지만 이러다 자칫 건강을 해칠까 두렵다. 우리 모두 "바빠서 힘들어 죽겠다" 대신 "신나서 행복해 죽겠다"며 살 수 있으면 얼마나 좋을까? 어이쿠, 내가 어쩌다 그만 "죽겠다"고 했네. 하지만 이런 문맥의 "죽겠다"는 오히려 "살판난다"는 뜻임을 우리 뇌는 잘 알고 있다.

시작과 반

7월 2일은 한 해의 중점이다. 윤년이 아니라면 이날을 기점으로 182일이 지났고 연말까지 정확하게 182일이 남는다. 아무리 시작이 반이라지만 벌써 일 년의 절반이 흘러갔다는 말인가. 시간의 속도가 이처럼 빨라지다가는 혹여 거꾸로 흐르는 건 아닌지 당황스럽다. "아니 벌써 밤이 깊었나, 정말 시간 가는 줄 몰랐네."

"시작이 반이다"라는 속담은 다분히 이중적인 의미를 지닌다. 시작이 중요한 만큼 무슨 일이든 저지르기 전에 신중하게 생각하라는 뜻도 있지만, 대부분의 사람들은 무슨 일이든 시작하기가 어렵지 일단 시작만 하면 그리 어렵지 않게 해낼 수 있다는 뜻으로 이해한다. 한 해의 삶을 마라톤에 비유한다면 7월 2일은 반환점을 도는 시점이고, 등산으로 치면 정상에 올라 주변 풍광을 둘러보고 있는 셈이다. 이제 곧 하산해야 하는데 새해 첫날 했던 결심을 여전히 잘 지키고 있는지, 금년 목표를 절반 이상 달성했는지, 후반전에 대한 계획은 세웠는지 묻게 된다. 그러나 야속하게도 바로 이 시점에서 우리는 종종 이 속담에 배신감을 느낀다. 시작이 반이라지만 지금껏 해놓은 일이 절반은커녕 아직 뚜껑도 제대로 열지 못한 일이 허다하니 말이다.

1990년대 초 미시건 대학교에서 박사학위 논문을 쓰느라 여념이 없던 아내를 격려하기 위해 아내의 지도교수께서 우리 부부를 토요일 점심에 초대하신 적이 있다. 그때 그분이 아내에게 해주신 말씀을 나는 지금도 또렷이 기억하고 있다. "The best thesis is the done thesis." 우리말로 번역하면 "가장 훌륭한 논문은 일단 끝낸 논문"이라는 뜻쯤 되리라. 그저 운 좋게 귀동냥한 말이지만 이 말은 "시작이 반이다"와 더불어 내 삶에 가장 중요한 지침이 되었다. 확신이 서면 일단 저지르고, 저질렀으면 어떻게든 반드시 끝을 보는 것이다.

시작이 반이라니까 심기일전하여 또 새로 시작하면 절반에 절반이 합쳐져 하나가 되리라는 어리석은 계산일랑 집어치우고 시작한 일들이나 어서 마무리하시라. 일단 죽이 되든 밥이 되든 끝을 내는 거다. 그런 다음 남은 기간 동안 계속 다듬다 보면 어느새 그럴듯한 완성품을 손에 쥐게 될 것이다.

○——— 이기적 성공

자신의 삶이 얼마나 성공적인가를 가늠하려면 얼마나 이기적으로 살고 있는가를 평가해보라는 말이 있다. 미국의 비즈니스 잡지 『성공 *SUCCESS*』의 초대 편집장 대런 하디Darren Hardy는 이렇게 묻는다. 비행기에서 갑자기 기내 여압 상태가 나빠져 산소마스크가 내려왔을 때 주변 사람들을 돕느라 정작 자신은 죽음을 면치 못했다면 그게 과연 현명한 일이냐고. 이런 극한 상황이 아니더라도 그는 일단 이기적으로 살아야 한다고 강변한다. 그래야 성공도 하고 남도 도울 수 있다고. 비행기에 탑승할 때마다 듣는 얘기다. 어린이나 노약자를 동반하는 경우 산소마스크는 반드시 본인이 먼저 착용한 다음 다른 사람을 도우라고.

'농구 황제' 마이클 조던이 한 말이다. "성공하려면 이기적이어야 한다. 그렇지 않고서는 아무것도 성취할 수 없다. 최고 수준에 오르면 그때부터 이타적으로 행동하라. 다른 사람들과 가까이 교류하며 지내라. 고립되지 마라." 평생 조던을 귀감으로 삼고 살아온 LA 레이커스의 코비 브라이언트가 2014년 12월 15일 미네소타와 가진 경기에서 조던을 제치고 미국 프로농구 통산 득점 3위로 올라섰다. 이제 그보다 득점을 많이 한 선수는 커림 압둘자바와 칼 멀론 둘뿐이다.

그러나 화려한 기록 뒤에는 때로 숨기고 싶은 기록이 있는 법이다. 불과 그 한 달여 전인 11월 11일 멤피스와의 경기에서 브라이언트는 야투 실패 부문에서 보스턴의 존 해블리체크의 기록(13,147)을 갈아치우는 불명예를 안았다. 그것도 해블리체크보다 무려 18경기나 덜 뛰고서. 조던은 15년 동안 1,072경기에서 평균 30.1점을 기록한 반면, 브라이언트는 18년 동안 1,269경기를 뛰며 평균 25.5점을 얻었다. 그래서인지 브라이언트에게는 지나치게 이기적이라는 비난이 끊이지 않는다. 하지만 '아이스하키의 마이클 조던' 웨인 그레츠키는 이런 말을 남겼다. "시도하지 않은 득점 기회는 100퍼센트 실패이다." 실패한 걸 아쉬워할 게 아니라 도전하지 않은 걸 통탄할지어다.

○──── 끼

한때 온 세상을 졸지에 말춤의 도가니로 몰아넣은 싸이를 보며 도대체 끼라는 게 무얼까 생각해보았다. 아내는 나더러 끼가 많은 남자라고 한다. 예술은 자기가 하면서 과학 하는 나한테 예술을 했더라면 오히려 더 잘했을지 모른다고 부추긴다. 하기야 나는 중학교 시절부터 시인이 되겠답시고 껍죽거렸고 대학 입시를 얼마 남기지 않은 시점에는 홀연 미대에 가겠다는 어쭙잖은 꿈을 꾸기도 했다. 어느 책에서 고백했듯이 나는 어쩌면 다음 생에서 춤꾼으로 다시 태어날지도 모른다. 어쩌다 점잖은 학자가 되어 호시탐탐 튀어 오르려는 끼를 애써 억누르고 사는 내가 가끔 안쓰럽긴 하다.

평생 음악인으로 사신 한국예술종합학교 이강숙 초대 총장님은 은퇴하신 뒤 소설을 쓰느라 여념이 없다. 선생이 과연 세계적인 문호로 거듭날지는 더 두고 봐야겠지만 자신의 끼가 피어오르는 대로 사시는 모습이 마냥 아름다워 보인다. 몇 해에 걸쳐 서울대생들이 도서관에서 가장 많이 대출한 책 중의 하나인 『총, 균, 쇠』의 저자 재러드 다이아몬드 UCLA 교수는 학자로서의 끼를 종횡무진 흩뿌리며 산다. UCLA 의대 생리학 교수로 시작하여 생태진화생물학과의 교수를 거쳐 지금은 아예 지리학과로 자리를 옮겨 인류 문명에 관한 연구를 하고 있다. 학자의 삶에도 끼를 펼칠 길은 무궁무진하다. 반드시 붓을 꺾어야만 끼를 부릴 수 있는 건 아니다.

영어사전은 끼를 talent로 번역하지만 talent를 다시 우리말로 옮기면 재능이 된다. 그러나 재능은 있어 보이는데 그걸 발휘하지 못하는 사람을 가리켜 끼가 없다고 하는 걸 보면 끼는 분명 재능 이상의 속성이다. 21세기 세계 경제의 패권은 누가 더 탁월한 창의적 인재를 길러내느냐로 판가름날 것이다. 끼를 학술적으로 어떻게 규정해야 할지 잘 모르겠지만 우리가 그토록 갈구하는 창의성이란 결국 끼의 구체적인 표현이 아닐까 싶다. 재능은 연마할 수 있지만 끼는 타고나는 기질이다. 박근혜 대통령은 후보 시절 '학생들의 꿈과 끼를 끌어내는 행복 교육'을 공약으로 내세웠는데, "학교의 자율성을 확대하고 진로 교육을 강화하겠다"는 사뭇 구태의연한 노력으로는 수십 년간 꽁꽁 싸매둔 끼를 풀어헤치기 어렵다. 우리 교육계에 그야말로 환골換骨 수준의 개혁이 필요하다.

끝날 때까지 끝난 게 아니다

미국 프로야구 월드시리즈의 유일한 퍼펙트게임을 승리로 이끈 전설적인 포수 요기 베라Yogi Berra가 2015년 9월 22일 세상을 떠났다. 1972년 명예의 전당에 오른 그는 선수 생활 19년 중 무려 15년 동안 올스타에 선정되었고 감독과 코치의 신분까지 포함하면 모두 13번이나 우승컵을 들어올린, 말 그대로 살아 있는 전설이다. 그는 야구 실력과 공적 못지않게 언뜻 들으면 모순되는 듯하지만 익살스럽고 뼈 있는 언어유희로 더 유명하다. 비록 중학교 중퇴의 학력을 지녔지만 그의 기발한 동어반복적 언어 구사는 영어 문화를 한 단계 격상시켰다는 찬사와 더불어 요기이즘yogiism이라는 신조어까지 탄생시켰다.

우리말로 옮기면 영 감흥이 사라져버리는 명언들을 제외하더라도 그의 어록은 화려하기 그지없다. 어느 날 그의 집을 찾아와야 하는 동료에게 "오다가 갈림길을 만나면 그걸 선택하라"고 이른다. 그 동료야 황당했겠지만 그의 집은 갈림길에서 어느 길을 선택하든 올 수 있었기 때문이다. 그의 어록 중 가장 압권은 뭐니 해도 "끝나기 전에는 끝난 게 아니다It ain't over till it's over"일 것이다. 여론 조사에서 밀리고 있는 정치인들이 즐겨 인용하는 이 말은 그가 뉴욕 메츠 감독을 하던 1973년 7월 시카고 컵스에 아홉

게임 반이나 뒤진 상황에서 뱉은 말이다. 그해 메츠는 끝내 리그 우승을 거머쥐었다.

언젠가 그는 "그들이 나에 대해 얘기하는 거짓말의 절반은 사실이 아니다"라고 했지만 사람들은 그의 참말도 늘 새겨들어야 했다. "내가 모르는 질문에는 답을 하지 않겠다"면서도 평소 잘 가던 레스토랑에 왜 가지 않느냐는 물음에는 "더 이상 아무도 거기 가지 않아. 사람이 너무 많아"라고 답하질 않나, "다른 사람들의 장례식에는 꼭 가라. 그러지 않으면 그들도 네 장례식에 오지 않을 것이다"라고 말하곤 했다. 사람은 죽어야 비로소 전설이 되는 법이지만 그는 살아서도 내내 전설이었다.

○———후회 없는 삶

영화 「성난 황소」로 아카데미 남우주연상, 「대부2」로 남우조연상을 받은 배우 로버트 드니로가 뉴욕대 예술대학 졸업식에서 한 15분짜리 축사가 화제다. 미국 언론들이 앞다퉈 2015년 최고의 졸업식 축사라고 칭송한 이 연설에서 그는 댄서, 배우, 가수가 되겠다고 열심히 공부하여 졸업하는 예술대학 학생들에게 "졸업생 여러분, 해냈습니다. 그런데 망했습니다"라며 독설을 퍼부었다. "이성, 논리, 상식을 바탕으로 전공을 선택한 회계학과 졸업생들은 성공과 안정을 누리겠지만…… 여러분에게는 '평생 거절당하는 인생'의 문이 열릴 것이다…… 그러나 예술의 세계에서는 열정이 상식을 능가한다…… 실패를 두려워 말라."

드니로의 축사가 2015년의 최고라면, 2014년의 최고는 코미디언이자 배우인 짐 캐리가 마하리시 경영대 졸업식에서 한 축사였다고 생각한다. 그는 특유의 과장된 몸짓과 음성으로 학생들로 하여금 수시로 배꼽을 잡도록 만들면서도 울림 있는 메시지를 전달했다. 그의 아버지는 만일 코미디언이 됐더라면 대단한 성공을 거뒀을 텐데 가족을 위해 안정적인 직업을 택했단다. 바로 회계사가 된 것이다. 그러나 그는 짐이 열두 살 때 그 안정적인 직업에서 쫓겨났고 가족 모두는 살아남기 위해 무엇이든 해야 했다. 그때 그가 아버지로부터 배운 교훈은 원하지 않는 일을 하다가 망할 수도 있다면 차라리 좋아하는 일을 하다가 망하는 게 낫겠다는 것이었다.

나는 호칭이 퍽 많은 사람이다. 생물학자, 생태학자, 진화생물학자, 동물행동학자, 사회생물학자, 심지어는 통섭학자라 불리기도 한다. 하지만 내게 전공이 뭐냐 물으면 나는 종종 '관찰觀察'이라고 답한다. 그런 내가 평생 인간이라는 동물을 관찰하여 얻은 결론이 하나 있다. 자기가 가장 좋아하는 일을 무지하게 열심히 하면서 굶어 죽은 사람을 본 적이 없다는 사실이다. 좋아하는 일만 하면서 떼돈을 벌 수 있는지는 모르지만 그런 일을 죽어라고 열심히 하면서 굶어 죽기는 불가능하다. 일단 덤벼야 한다.

좋은 담이 좋은 이웃을 만든다

"오랜 세월이 지난 후 나는 어디에선가/한숨을 지으면서 이야기할 것입니다/숲 속에 두 갈래 길이 있었다고/나는 사람이 적게 간 길을 택하였다고/그리고 그것 때문에 모든 것이 달라졌다고."

로버트 프로스트의 「가지 않은 길」은 이 땅의 중·장년 거의 모두가 알고 있는 시일 것이다. 전체를 암송하지는 못하더라도 위에 인용한 시의 마지막 구절은 모두 어렴풋이나마 기억하고 있으리라. 「가지 않은 길」은 프로스트가 병 때문에 하버드 대학교를 중퇴하고 뉴햄프셔 주에 있던 30대 초반에 그의 할아버지 농장에 머물며 쓴 시이다. 나 역시 고등학교 국어 시간에 처음 배운 이 시를 늘 가슴에 품고 살았으며 실제로 사람이 적게 간 길을 택했고 그것 때문에 내 삶의 모든 것이 달라졌다. 시 한 편이 한 사람의 인생을 바꾼다.

통섭의 개념을 소개하느라 분주하던 2000년대 후반 어느 날 당시 서강대 철학과 엄정식 교수께서 내게 또 다른 프로스트의 시를 알려주셨다. 「담을 고치며 Mending wall」라는 시인데 거기에 "좋은 담이 좋은 이웃을 만든다"라는 멋진 구절이 나온다. "담을 만들기 전에 나는 묻고 싶다/내가 무엇을 담 안에 넣고 무엇을 담 밖에 두려는지/그리고 누구를 막아내려는지." 그는 또한 "거기에는 담을 좋아하지 않는 무언가가 있다"며 끊임없이 담을 무너뜨리는 자연의 힘을 묘사했다. 통섭의 의미와 중요성을 이보다 멋지게 담아낸 글은 없다. 시의 힘은 감히 가늠할 수가 없다.

이제 나는 '가지 않은 길'을 내 가슴에서 풀어주련다. 시인은 다음 날을 위해 한 길을 남겨두었다면서도 다시 돌아올 것을 의심했지만, 우리는 이제 다시 돌아와 가지 않았던 길을 갈 수 있다. '좋은 담'이란 가지 않아 아쉽고 궁금했던 그 길을 찾아 언제라도 쉽게 넘을 수 있는 낮은 담을 말한다. '인생 이모작'은 바로 가지 않은 길을 후회하지 않는 삶이다.

○——— 웃기고 자빠졌네

묘비명은 죽은 다음 남들에게 기억되고 싶은 대로 본인 스스로 짓거나 지인들이 붙여주는 표현이다. 요즘 학교에서는 글쓰기 훈련, 기업에서는 신입사원 교육, 어르신들에게는 아름다운 죽음 준비의 일환으로 자신의 묘비명 쓰기 연습을 한단다. 『크리스마스 캐럴』의 스크루지 영감은 자기가 죽은 후 남들이 자기에 대해 어떻게 생각하는지 절절이 보았고, 프랭크 카프라 감독의 영화 「멋진 인생」에는 자살하고 난 다음 자신의 삶이 그리 헛되지 않았음을 알고 환생하는 남자의 삶이 그려져 있다. 죽음을 가상하며 자신의 삶을 되돌아보는 훈련은 나이에 상관없이 매우 값진 경험이라고 생각한다.

영국의 극작가 조지 버나드 쇼의 유명한 묘비명을 두고 온갖 얘기들이 오간다. 대부분의 사람들은 그의 묘비명이 "어영부영하더니 내 이럴 줄 알았다"라고 알고 있지만 누가 처음 번역했는지 영 잘못 이해한 것 같다. 모두 함께 검토해보자는 뜻에서 원문을 그대로 적어본다. "I knew if I stayed around long enough, something like this would happen." 그는 그저 "오래 살더니 내 이런 꼴 당할 줄 알았다" 또는 "오래 살면 결국 죽는다"라는 지극히 당연한 명제를 특유의 풍자적 표현으로 말한 것뿐이다. 그는 94년 동안 극작가, 소설가, 수필가, 음악평론가로 살며 노벨문학상과 아카데미 영화상을 모두 거머쥔 사람이다. 결코 어영부영하며 살지 않았다.

인구에 회자되는 유명한 묘비명들은 대체로 심오하거나 가슴 짠한 것들이지만, 나는 마지막 순간에도 삶을 해학으로 승화한 묘비명들을 특별히 좋아한다. 생전에 '걸레 스님'으로 불리던 중광 스님은 "에이 괜히 왔다 간다"라며 가셨단다. 일본의 선승 모리아 센얀의 묘비에는 "내가 죽으면 술통 밑에 묻어줘. 운이 좋으면 술통 바닥이 샐지도 모르니까"라는 그의 시가 적혀 있단다. 미국의 코미디언 조지 칼린은 친지들에게 자기 묘비에 "이런, 그 사람 조금 전까지도 여기 있었는데"라고 적어달라고 부탁했단다. 하지만 이런 모든 해학적인 묘비명 중에서 가장 압권은 개그우먼 김미화 씨가 미리 써둔 묘비명이다. "웃기고 자빠졌네."

여울

언젠가 지인 가족과 함께 자동차 여행을 하던 중 각자 자기가 이 세상에서 가장 좋아하는 것 다섯 가지를 말해보기로 했다. 세상에 좋아하는 게 어디 다섯 가지뿐이랴마는 막상 꼽으려니 그리 쉽지 않았다. 나 역시 애써 다섯 가지를 얘기했지만 그중 세 가지밖에 기억나지 않는다. 학교, 해질녘, 개울……

나는 평생 학교가 그냥 좋았다. 동네 골목에서 노는 것도 좋았지만 너른 학교 운동장에서 뛰어노는 것에 비할 바가 아니어서 일요일에도 꾸역꾸역 책가방을 챙겨 메고 학교에 가서 놀곤 했다. 그러다 보니 끝내 학교를 떠나지 못하고 교수가 된 듯싶다. 어느덧 공부와 폭력에 찌들어버린 우리 학교, 그리고 그곳에 가기를 끔찍하게 싫어하는 요즘 아이들을 보면 안쓰럽기 그지없다.

나는 하루 중 어둑어둑 해질녘을 제일 좋아한다. 그 어슴푸레한 '빛결'이 내 마음 깊숙한 곳까지 가지런히 빗겨주는 그 느낌을 좋아한다. 그리고 나는 돌돌거리며 흐르는 개울을 정말 좋아한다. 미국에 유학하여 일 년 넘게 개울다운 개울을 보지 못했다. 가슴 한복판에 무거운 돌 하나가 댐처럼 막아서 있었다. 이 땅에서는 숲으로 몇 발짝만 들어서면 귀가 먼저 찾아내는 개울이건만 내가 살던 미국 땅에는 유유히 흐르는 시내는 있어도 돌 틈에 재잘대는 개울은 흔치 않았다.

그런데 엄밀히 말하면 내가 정말 좋아하는 건 단순한 개울이 아니라 여울이란다. 골짜기나 들판에 흐르는 작은 물줄기가 모두 개울이라면 바닥이 얕아지거나 폭이 좁아져 물살이 빨라지는 곳이 여울이란다. 단풍이 아무리 흐드러져도 그 붉은 이파리들을 흔드는 여울 소리가 없다면 참 건조할 것 같다. 김소월 시인의 「개여울」에는 "가도 아주 가지는 않노라심은"이라는 구절이 있다. "물은 흘러도 여울은 여울대로 있다"라는 옛말을 떠올리면 "굳이 잊지 말라는" 시인의 "부탁"이 참으로 절묘하다. 과연 우리 삶에서는 무엇이 변하고 무엇이 여울처럼 제자리에 머물고 있는 것일까? 날마다 해질녘이면 개여울에 나가 앉아 하염없이 무언가를 생각하며 살 수 있으면 좋으련만.

아이큐와 입양

인간의 지능은 유전자와 환경 중 어느 요인에 의해 결정되는가? 정답은 시시할 정도로 간단하다. 둘 다이다. 그래도 사람들은 은연중에 유전에 더 무게를 둔다. 머리 좋은 부모에게서 똑똑한 아이가 나오지 않겠느냐 생각한다. 하지만 최근 유전보다 어쩌면 교육이 더 중요하다는, 사뭇 결정적인 연구 결과가 나와 화제가 되고 있다.

유전과 환경의 경중을 가늠하는 데 쌍둥이 연구만큼 훌륭한 게 없다. 최근 『미국과학한림원회보』에는 미국 버지니아 대학교 연구진이 스웨덴에서 태어나 둘 중 한 명만 입양된 일란성 쌍둥이 형제들의 아이큐를 분석한 논문이 실렸다. 18~20세 연령대의 쌍둥이 형제들을 비교했는데, 어릴 때 입양되어 양부모 슬하에서 자란 형제가 친부모 가정에서 자란 형제보다 아이큐 수치가 4.4점이나 높은 걸로 나타났다. 입양되지 않고 한집안에서 함께 자란 일란성 쌍둥이의 아이큐는 통계적으로 의미 있는 차이를 보이지 않는다. 마치 복제된 인간처럼 완벽하게 동일한 유전자를 지닌 일란성 쌍둥이가 같은 환경에서 자라면 지능의 차이가 없지만, 아무리 동일한 유전자를 지녔어도 성장 환경이 다르면 상당한 차이가 생길 수 있다는 걸 보여준 연구 결과이다.

유럽의 경우 입양을 기다리는 아이보다 입양을 원하는 부모가 수적으로 더 많기 때문에 입양을 주선하는 기관은 그리 어렵지 않게 친부모보다 교육도 더 많이 받고 경제적으로도 훨씬 여유로운 부모를 찾아 아이를 입양시킬 수 있다. 교육 수준이 높은 부모가 아이를 박물관에도 더 자주 데려가고 책도 더 많이 읽어주며 대화도 많이 한다는 사실은 이미 잘 알려져 있다. 이번 연구에서는 드물게나마 친부모가 양부모보다 교육이나 소득 수준이 더 높은 경우가 있었는데, 그런 경우에는 오히려 친부모 곁에 남은 형제의 아이큐가 더 높게 나타났다. 자식 기르기는 본래 농사와 별반 다르지 않다. 당연히 좋은 씨앗을 뿌려야 하지만 그보다는 토양을 더욱 비옥하게 만들고 정성을 다해 키워야 보다 큰 수확을 얻을 수 있다. 때론 씨보다 밭이 더 중요하다.

앎을 실천으로, 여성 리더 김옥길

2006년 서울대를 떠나 이화여대에 새 둥지를 틀자 참으로 많은 사람이 내게 이화의 역사에 대해 얘기해주었다. 그 많은 얘기 중에 가장 자주 언급된 이름이 바로 김옥길 전 총장이었다. 총장 재임 시절 당시 정권에 항거하던 학생과 교수를 보호하기 위해 분연히 일어섰던 일화와 문교부 장관이 되자마자 억압과 강제 규율의 상징이었던 교복의 색상과 디자인을 학교장 재량에 맡긴 결단 등 세상에 널리 알려진 얘기부터 총장 집무실에 앉아 결재하고 지시만 내리는 게 아니라 늘 학교 구석구석을 돌며 현장의 목소리에 귀 기울이고 대외 활동도 활발히 하여 대학의 위상을 높인 얘기까지 침이 마르도록 들었다.

그분의 가르침을 기리기 위해 이화여대는 2001년부터 매년 한 차례 김옥길 기념강좌를 열고 있다. 개인적으로 나는 2006년 루스 시먼즈 당시 미국 브라운 대학교 여성 총장님과 더불어 "여성 시대와 학문의 통섭"이라는 제목으로 강연하는 영광을 누렸다. 2014년에는 세계적인 침팬지 연구가이자 환경운동가인 제인 구달 박사가 제14회 김옥길 기념강좌의 연사로 이화여대 대강당 강단에 섰다. 김옥길 총장은 1971년 이화여대 창립 85주년 기념식에서 "현대는 과학을 숭상합니다. 우리 이화도 과학 교육에 치중

합니다"라고 천명한 바 있다. 이에 이화여대는 1982년에 자연과학대학을 설립하고 1996년에는 여자대학으로는 세계 최초로 공과대학을 신설한 바 있다. 이번 세기에 여성의 진출과 활약이 가장 기대되는 분야가 바로 과학과 기술이다.

"앎의 변화가 삶의 변화를 가져온다"는 김옥길 총장의 교육 철학은 내가 늘 떠들고 다니는 "알면 사랑한다" 정신과 일맥상통한다. 알게 모르게 내가 그분의 영향을 퍽 많이 받은 것 같다. 앎을 향한 열정과 실천으로 여성 교육과 사회 변화에 큰 족적을 남긴 김옥길 총장과 팔순이 넘은 나이에도 아랑곳하지 않고 침팬지 연구를 바탕으로 자연 보호와 생명 사랑의 정신을 퍼뜨리기 위해 일 년에 300일 이상 지구촌 곳곳을 누비는 제인 구달은 참 많이 닮은 것 같다.

○——— 대학의 미래

"한국대학교 홍길동 교수는 하루 평균 3시간씩 강의한다. 사실 강의라고 해봐야 MIT(매사추세츠 공대) 스미스 교수의 온라인 원격 강의록을 받아 화상으로 재현해 학생들에게 보여주고, 혹 질문이 있으면 대답해주는 것이다." 서울대 물리천문학부 오세정 교수가 이인식의 『미래신문』이라는 책에서 묘사한 미래 대학의 수업 광경이다.

1997년 경영학의 대가 피터 드러커는 2020년대에는 대부분의 대학에서 캠퍼스가 사라질 것이라고 예언했다. 인터넷을 이용한 원격 강의가 보편화하면서 고비용의 캠퍼스 경영은 점차 사라질 수밖에 없다는 것이다. 시카고 대학교 사회학과 앤드루 애벗 석좌교수는 미래의 대학은 명성과 재력을 갖추고 양질의 교육 콘텐츠를 개발할 수 있는 소수의 명문 연구 중심 대학과 이런 대학들이 개발한 교육 콘텐츠를 활용하여 기본적으로 취업 교육을 담당할 다수의 '대중 대학mass university'으로 양분화할 것이라고 예측했다.

2013년 5월 2일자 미국의 교육전문지 『고등교육신문*The Chronicle of Higher Education*』에는 산호세 주립대학의 철학과 교수들이 『정의란 무엇인가』와 『돈으로 살 수 없는 것들』로 잘 알려진 하버드 대학교 마이클 샌델 교수에게 보낸 공개서한이 실려 있다. 2012년 4월 MIT와 하버드 대학교가 각각 3천만 달러(약 353억 원)씩 투자하여 만든 온라인 교육 프로그램 edX를 대학 당국이 도입하려 하자 샌델 교수의 강좌 'JusticeX'를 거부하며 그 이유를 조목조목 열거한 서한이다. 그들은 샌델 교수의 강의를 함께 시청한 후 학생들의 이해를 돕기 위해 질문에나 답해주는 '고급 강사'로 전락할 수 없으며 교수와 학생 간의 친밀한 접촉 없이 벌어지는 인터넷 강좌는 결국 교육의 질을 떨어뜨릴 것이라고 주장했다.

2012년 1월에 출간된 『10년 후 세상』에서 나는 앞으로 10년 안에 한국의 대학들도 양극화의 갈림길에서 선택을 강요받게 될 것이라고 전망했다. 현재 우리나라 대학들의 수준을 냉정하게 평가할 때 자체적으로 세계적인 수준의 콘텐츠를 개발할 수 있는 대학은 그리 많아 보이지 않는다. 그렇지만 '가지 않은 길'에 대한 회한이 두려워 엉거주춤 미적거리는 대학은 살아남기 어려울 것이다.

○──── 이반 일리치의 '죽음'

톨스토이의 소설 『이반 일리치Ivan Ilyich의 죽음』에는 남부러울 것 없이 잘살다가 대수롭지 않은 옆구리 부상으로 인해 급격하게 죽음을 맞는 한 중년 남자의 삶이 그려져 있다. 참으로 을씨년스럽고 덧없는 삶이다. 하지만 이른바 '물수능' 급류에 휩쓸려 허우적거리는 요즘 우리 아이들의 삶도 덧없기는 마찬가지다. 수능 문제 단 하나에 삶의 격이 달라지는 이 어처구니없는 현실에 이 소설 주인공 이름과 우리말 발음이 같은, 우리 시대의 가장 논쟁적인 사상가 이반 일리치Ivan Illich의 『학교 없는 사회』를 다시 읽어보았다. 제대로 된 공동체의 구성원이라면 점수가 아니라 존재 자체로서 사랑받아야 하건만 수능 따위가 어쭙잖게 '전 국민 줄 세우기'를 하고 있다.

일리치는 특이하게도 진보와 보수 양쪽으로부터 비난의 화살을 맞은 사상가이다. 철학, 사회학, 역사학은 물론 종교학, 언어학, 여성학, 의학에 이르기까지 여러 다양한 학문 분야에 두루 탁월한 업적을 남겼건만 해방신학자, 환경운동가, 무정부주의자 들의 정신적 지주로 떠오르며 급진적 몽상가로 내몰렸다. 평생 고정 관념을 깨부수는 데 천착했건만 그의 대표 저서 『과거의 거울에 비추어』 때문인지 다른 편에서는 그를 엉뚱하게도 '좌파 지식인을 향해 지적 폭력을 퍼붓는 보수주의자'로 몰아세운다. 12세기 사회와 사상을 탐구하며 현재를 이해하려면 과거로 돌아가 성찰해야 한다고 주장한 그가 보수적이라면, 진화를 연구하는 나는 보수주의자의 전형일 수밖에 없다. 현재는 오로지 과거의 관성으로 나타나는 찰나일 뿐인데.

일찌감치 아이들을 문과와 이과로 나눠놓고 모자라는 부분을 가르쳐주기는커녕 피해 가라고 요령만 훈련하는 우리 교육의 작태를 보며, 일찍이 교육이 "곁핍을 가르치는 것으로 타락했다"는 일리치의 일침을 떠올린다. 그는 우리에게 '공용公用의 가치'를 일깨웠다. 문명의 '목발'이 부러져나가기 전에 그가 부르짖은 '생태학적 현실주의'를 제대로 품어내야 한다.

○——— 문과반 이과반

지난 20년간 나는 전국 방방곡곡 고등학교를 찾아 다녔다. 1990년대 중반 강연하러 방문한 어느 고등학교에 문과반이 이과반보다 많은 걸 발견하고 일종의 사명감을 느껴 고등학교 특강 순례를 시작했다. 아무리 서비스업의 부가가치가 높다 하더라도 안정적인 국가 경제는 모름지기 제조업이나 농어업 같은 생산 산업에 기반을 둬야 한다. 과학과 기술 분야에 종사하는 사람보다 그들을 관리하려는 사람 수가 많은 경제는 결코 안정적일 수 없다.

최근 문과 지망생이 급격하게 줄어 많은 학교가 곤혹스러워한단다. 갑작스런 '이과 쏠림 현상' 때문에 학급 균형은 물론 학교의 장래까지 걱정한다는데, 바로 이렇게 만들기 위해 나름 온갖 노력을 기울여온 나로서는 도대체 뭐가 문제인지 이해할 수 없다. 지금 5060세대가 고등학교에 다니던 시절에는 어느 학교나 대개 문과 4반, 이과 8반으로 나뉘어 있었다. 그때 과학기술 인재 양성에 투자한 덕택에 우리가 지금 이만큼 살 수 있게 된 것임을 부정할 수 없을 것이다. 이과반이 문과반보다 많은 것은 국가의 장래를 위해 지극히 바람직한 현상이다.

게다가 교육부가 2018년부터 문·이과 통합 교육을 실시하겠다고 공언한 마당에 문·이과 학급 불균형은 그저 일시적인 문제일 뿐이다. 학급의 불균형이 아니라 교사 수급의 불균형을 우려하는 게 아닌가 의심스럽다. 문·이과 통합은 본질적으로 그리고 궁극적으로 '이과로 통합'하는 것이다. 천신만고 끝에 이제 겨우 문과와 이과를 통합하려는데 이과 공부가 어려우니 이과 과목의 부담을 줄여주겠다고 한다면 차라리 통합하지 않는 게 낫다. 개인적으로 나는 고등학교 1학년 때 갓 부임한 교장 선생님이 서울대 합격생 수를 늘리겠다며 문과반 하나를 이과반으로 바꾸는 '구조조정'의 희생물로 뜻하지 않게 과학자의 길을 걷게 되었고, 그 결과로 훗날 '통섭'을 주창하기에 이르렀다. 세상이 아무리 변해도 학문의 기본은 당연히 인문학이지만 21세기를 살아가기 위해 이제 모두 과학과 기술에 관한 소양을 갖추자는 게 문·이과 통합의 핵심이다.

종합과학으로서 생태학

우리나라 고등교육 통계정보 관련 기관들이 각기 다른 교육편제 단위 체계를 사용하고 있어 그에 따른 전산 코드도 제각각이다. 이에 한국대학교육협의회가 최근 대학과 유관기관이 공통으로 쓸 수 있는 단일 분류 체계를 개발하여 배포했다. 정보의 효율적인 생산과 운용을 도모한다는 취지에는 상당한 진전이 있었지만, 자칫 학문의 균형 발전을 해칠 수 있어 걱정이 앞선다.

"표준 분류 체계는 이상적인 학문 분류 체계를 의미하지는 않음"이라고 전제하지만, '효율성'과 '신뢰성'에 앞서 '타당성'이 먼저 검증되었어야 한다. 분류의 필요성은 인정하지만 융합과 통섭의 시대에 걸맞은 새로운 체계의 수립은 애당초 불가능했는지 묻고 싶다. 자연과학 대계열에서 화학과 생명과학을 한데 묶은 것은 참신했다고 생각한다. 하지만 그를 다시 화학, 생명과학, 환경학으로 나누는 과정은 스스로 세운 유사성, 배타성, 포괄성의 기준을 줄줄이 위배한다.

"물질의 성질·조성·구조 및 그 변화를 탐구하는 화학 영역, 생물의 구조와 기능을 과학적으로 연구하는 생명과학 영역, 지구상의 자연과 환경 문제를 연구하는 환경 영역으로 구분된다"고 했는데, 정작 중계열에 대한 설명을 읽어보면 '자연과 환경 문제'는 생명과학과 환경학 영역 양쪽에 엉거주춤 걸쳐 있어 결국 양쪽 모두에서 대접받지 못할 가능성이 매우 농후하다.

생명과학은 본래 "생물의 구조와 기능"을 연구하는 '기능생물학'과 생태와 진화를 연구하는 '진화생물학'으로 나뉜다. 예일 대학교와 프린스턴 대학교에는 '생태학 및 진화생물학과Department of Ecology and Evolutionary Biology'가 따로 있다. 어차피 우리나라의 생명과학은 대체로 화학을 기반으로 한 생물학인 만큼 이참에 환경학은 공학 대계열의 환경공학에 연계시키고 화학, 생명과학(또는 아예 화학생물학), 생태학으로 분류할 것을 제안한다. 수학·물리·천문·지구 영역에서 지구과학이 그렇듯이, 생태학도 종합과학이다. 그래서 중국 정부는 이미 몇 년 전부터 생태학을 생물학에서 분리하여 지원하고 있다.

이론생물학의 길을 열다

지금은 골동품 가게 혹은 박물관에나 가야 볼 수 있을지 모르지만 불과 십수 년 전만 해도 우리는 '오버헤드 프로젝터 overhead projector'라는 기기를 사용하여 강의를 하곤 했다. 컴퓨터 화면을 곧바로 스크린에 투영하는 기술이 등장하기 전까지는 미리 준비한 투시물 교재를 환등기 위에 올려놓고 그 위에 판서까지 할 수 있어서 교육용으로 매우 유용했다. 그 당시 국제학회에 가면 종종 이 오버헤드 프로젝터에 수학 공식을 빼곡히 적으며 논문 발표를 하는 일본 학자들을 볼 수 있었다. 영어 발음은 거의 알아들을 수 없는 수준이었지만 기라성 같은 서양학자들이 숨을 죽인 채 경청하는 모습은 신기하기까지 했다.

이런 진풍경을 가능하게 만든 사람이 바로 일본이 낳은 세계적인 진화생물학자 기무라 모토 木村資生이다. 1924년에 태어나 1994년 70세 생일에 작고하기까지, 그는 세상 모든 진화생물학자들이 다윈의 자연선택 메커니즘에만 코를 박고 있을 때 분자 수준의 진화적 변이는 딱히 이롭거나 해롭지 않고 대체로 중립적이라는 사실을 밝혀냈다. 그의 중립 이론에 따르면 진화는 잘 짜인 필연 관계보다는 주로 우연에 의해 좌우된다는 것이다. 그는 이 논리를 수학 공식을 사용하여 정립했다. 수학적 소양이 빈약한 서양의 생물학자들을 단숨에 제압한 것이다. 그가 열어젖힌 이론생물학의 길을 따라 그 후 수없이 많은 일본 학자들이 줄줄이 대가의 반열에 올랐다.

서울대 생물학과 교수 시절 나는 수학과에 특강을 자청한 적이 있다. 수학이라면 우리도 일본에 뒤지지 않건만 국제적으로 이름을 날리는 수학생물학자가 없는 현실을 지적하며 전향을 호소했다. 나는 조만간 수학 분야의 노벨상이라 불리는 필즈 메달fields medal의 수상자가 우리나라에서 나올 것이라고 확신한다. 순수 수학만 홀로 영광 받지 말고 내친김에 다른 학문 분야에서도 한국 수학의 위용이 넘쳐났으면 좋겠다.

○——— 인성교육의 자가당착

우리 교육계가 이제 인성교육을 하겠단다. 세월호 사고로 드러난 우리 사회의 인성 피폐 현황이 인성교육의 필요성을 야기하는 것은 충분히 이해할 만하다. 그러나 인성이란 것이 과연 여야 국회의원들이 모두 호들갑스럽게 '인성교육진흥법'까지 만들며 매뉴얼 훈련을 시킨다고 갑자기 복원될 수 있는 것일까?

국립생태원의 초대 원장이 되어 200명에 가까운 연구원과 행정요원을 채용하는 과정에 모든 기관이 다 한다기에 우리도 인성검사를 실시했다. 그런데 평소 연구나 업무 능력이 탁월하다고 알고 있던 지인 몇 명이 인성검사에서 덜커덕 낙방하는 게 아닌가? 하도 어이가 없어 인성검사 전문가들을 만나봤더니, 공무원 채용 시험과 대기업 입사 시험에서 종종 사용하는데 실제로는 조직 문화를 해칠 수 있는 기질이나 정서적 특성을 지닌 사람을 걸러내는 기능이 강하다고 귀띔해줬다. 분명한 사실은 국립생태원 전체에서 인성검사에 떨어질 영순위는 단연 나란다. 자유로운 영혼은 애당초 통과하기 어려운 관문이란다. 더욱 가관은 1차 채용 인성검사에서 낙방한 사람들이 그야말로 열심히 연습하여 2차, 3차 채용에서는 우수한 성적으로 합격하더라는 것이다. 인성 평가를 정량화하면 그에 따른 사교육 시장이 활성화될 것은 불을 보듯 뻔하다. 언제나 그랬듯이 "국가는 정책을 만들고 국민은 대책을 만든다."

독일의 철학자 막스 셸러Max Scheler는 '개별 인격Einzelperson'과 '총체 인격Gesamtperson'을 나누어 설명했다. 구성원의 '개별 인격'이 모여 사회적 인격 또는 국가적 인격, 즉 국격을 만들어내는 것이다. "예, 효, 정직, 책임, 존중, 배려, 소통, 협동" 등의 핵심 덕목을 실행하는 데 필요한 "지식과 공감·의사소통 능력이나 갈등 해결 능력" 등의 핵심 역량을 함양하기 위해 인성교육진흥법을 제정·공표했다지만, 자칫 '총체 인격'을 먼저 설정해놓고 획일적인 교육을 실시하면 개성과 창의성을 짓밟을 수 있다. 인성교육이 이렇다 할 특징이 없는 무성격자만 양산하는 '무성교육'이 될까 두렵다.

○—— 인간 프란치스코

2014년 8월 방한한 프란치스코 교황의 파격 행보가 당시 연일 화제에 오르며 우리 국민들에게 묵직한 감동을 안겼다. 교황명으로 권위와 위엄이 아니라 순종과 청빈의 상징인 '아시시의 프란치스코'를 선택한 것에서 비롯하여, 교황 관저가 아니라 교황청 직원들과 바티칸을 방문하는 추기경들이 묵는 게스트하우스 '성녀 마르타의 집'에 기거하며 소년원의 소년소녀들은 물론 병자들의 발까지 씻기고 입을 맞추는가 하면, 교황이 된 후 처음 맞은 생일에는 성 베드로 성당 주변의 노숙자들을 초대하여 식사를 함께하기도 했다. 지난 방한 때에도 방탄차는 고사하고 크고 웅장한 외제차가 아니라 국산 소형차를 이용했으며 대전에는 헬리콥터가 아니라 KTX를 타고 가셨다. 2013년 3월 제266대 교황으로 즉위한 이래로 그가 보인 파격 행보는 이 짧은 지면에 일일이 열거할 수 없을 만큼 실로 다양하다.

개인적으로 내가 프란치스코 교황에게 가장 크게 감동했던 사건은 2013년 10월 그가 바티칸 광장에서 강론을 하고 있을 때 벌어진 일이다. 갑자기 까까머리 꼬마가 강단으로 올라가 교황을 빤히 쳐다보기도 하고 교황의 의자에 앉기도 하고 심지어는 교황의 다리를 껴안기도 했다. 엄숙해야 할 상황에서도 교황은 아이를 물리치기는커녕 한 손으로 아이의 머리를 쓰다듬으며 말씀을 계속하셨다. "어린아이를 용납하고 내게 오는 것을 금하지 말라. 천국은 이런 자의 것이니라"는 예수님 말씀(「마태복음」 19장 14절)이 떠올랐다.

나는 이 시점에서 이렇게 묻고 싶다. 프란치스코 교황의 행보가 진정 파격인가. 바티칸의 오랜 관행을 깨고 있는 것은 사실이지만 그는 그저 예수님이 모름지기 기독교인이라면, 아니 인간이라면 누구나 해야 한다고 말씀하신 그대로 실천하고 있을 뿐이다. 우리는 주변의 시선 때문에, 알량한 자존심을 어쩌지 못해, 어쩌다 내게 주어진 하찮은 지위에 연연하여 선뜻 행하지 못하는 일을 그는 별 거리낌 없이 하고 있을 뿐이다. 우리는 하늘에서 내려온 성자에게 열광하고 있는 게 아니라 지극히 평범한 한 인간에게 감동하고 있다. 인간 프란치스코, 그는 그래서 위대하다.

기부 문화

2006년 서울대에서 이화여대로 옮기면서 나는 연구실 한구석에 '의생학 연구센터'를 설립했다. 딱히 기금이 마련된 게 아닌 터라 일단 간판부터 내건 다음 이른바 '차세대 먹거리'를 찾는 몇몇 기업들과 브레인스토밍, 즉 '창조적 집단 사고' 모임을 시작했다. 혁신적 아이디어에 목말라하는 기업과 함께 생태계의 섭리eco-logic를 터득하고 진화의 역사를 통해 자연이 고안해낸 아이디어를 모방biomimicry하는 작업을 해왔다.

그러던 어느 날 적이 섭섭한 일이 벌어졌다. 2009년 나의 모교 하버드 대학교가 역사상 최대 규모의 개인 기부금을 유치한 것이다. 스위스의 기업가 한스외르크 비스Hansjörg Wyss가 무려 1억 2500만 달러(약 1510억 원)를 기부하여 '비스 연구소'가 세워졌다. 그는 자신의 기부금에 확실한 꼬리표를 달아주었다. 자연에서 아이디어를 얻어 기술을 개발해달라고 주문한 것이다. 모교가 기부금을 걷었는데 내 배가 아플 일은 아니지만 자연을 모방하는 연구라면 내가 먼저 시작한 터라 아쉬움이 컸다.

그런데 얼마 전 이 기록이 깨졌다. 홍콩의 부동산업자 챈T. H. Chan이 하버드 보건대학원에 3억 5000만 달러(약 4250억 원)를 내놓은 것이다. 마침 에볼라 바이러스 때문에 공중위생이 더할 수 없이 중요해진 상황이라 그의 기부는 엄청난 화제를 불러 모았다. 그러나 이 또한 연구 기부금으로 세계 최고 기록은 아니다. 2010년 인도의 기업가 아닐 아그라왈Anil Agrawal은 자그마치 10억 달러(약 1조 2145억 원)를 출연하여 세계적 수준의 베단타Vedanta 대학교를 설립했다.

어느덧 기부가 문화로 자리 잡았다. 나는 기업이나 기업인이 할 수 있는 가장 멋진 일은 대학이나 연구기관 또는 학술재단에 기부하는 것이라고 생각한다. 사회 환원이면서 잘하면 기업에 도움이 되는 연구도 할 수 있기 때문이다. 가난한 학생들에게 장학금을 주는 데 그치지 말고 그들의 연구 활동까지 지원할 때가 되었다.

○——— 소금쟁이 로봇

2015년 세계적인 과학저널 『사이언스』에 서울대학교 연구진이 개발한 소금쟁이 로봇이 소개되었다. 서울대 생명과학부 이상임·피오트르 야브원스키Piotr Jablonski 교수 연구진은 오랫동안 물 위를 걸어 다니는 신기한 곤충 소금쟁이의 짝짓기 행동을 연구해왔다. 그러다가 위험에 처하면 물을 박차고 뛰어오르는 그들의 도피 행동에 관심을 갖고 초고속 촬영을 해봤더니 앞다리를 제외한 네다리를 곧추세우며 몸을 일으키고 표면장력 허용 한계를 넘지 않는 범위 내에서 발끝을 안으로 오므리며 뛰어오른다는 사실을 발견했다.

이들은 이내 서울공대 기계항공공학부 김호영·조규진 교수 연구진과 공동 연구에 착수해 무게 68밀리그램에 불과한 '수상 도약 로봇'을 세계 최초로 개발하는 데 성공했다. 2003년 MIT 기계공학과 브라이언 챈Brian Chan이 물 위를 걷는 로보스트라이더Robostrider를 만든 지 12년 만에 이룬 쾌거다. 서울대 소금쟁이 로봇은 무려 14.2센티미터를 뛰어올랐단다. 마치 예수님처럼 물 위를 걸었다는 사실만으로도 충분히 거룩한데 물 위에서 점프를 했다는 것은 말 그대로 엄청난 도약이다.

이번 서울대 연구에 함께 참여한 로버트 우드Robert J. Wood 교수는 하버드 대학교 '비스 연구소'에서 날아다니는 작은 곤충 로봇을 연구하는 학자다. 이 연구소는 스위스의 독지가 한스외르크 비스가 2009년 당시 하버드 역사상 최고액인 1억 2500만 달러를 기부하며, 생물학에서 영감을 얻어 공학을 해달라고 요청해 설립된 연구소다. 나는 이보다 앞서 2006년 이화여대에 '의생학 연구센터'를 만들었으나 이렇다 할 독지가를 찾지 못해 안타깝게 주도권을 뺏겼다. 지금 나는 국립생태원에 다시금 센터를 설립할 준비를 거의 마쳤다. 비록 출발은 조금 늦었고 연구비 규모는 턱없이 작지만 주로 공학자들이 모여 있는 비스 연구소보다 생물학자들이 주축인 우리 국립생태원이 의생학 연구에서 머지않아 더 두각을 나타낼 것으로 확신한다.

5

정치 사회 역사 외교 희망

사소한 규칙

얼마 전 그만 죽음의 현장을 보고 말았다. 불과 2초 만에 삶이 죽음의 문턱을 넘는 장면을 목격했다. 버스중앙차로가 끝나는 지점에서 재빨리 1차선으로 들어서던 승용차가 속력을 줄이지 않은 채 달려오던 버스에 들이받히는 바람에 중앙선을 넘어 반대편에서 달려오던 버스와 충돌하는 사고가 일어났다. 정류장에 서 있던 사람들은 순식간에 두 버스 사이에 끼어버린 승용차의 운전석 창문 위로 한 남자의 주검이 젖은 빨래처럼 널리는 장면을 하릴없이 지켜봐야 했다. 저승으로 가는 문이 그렇게 쉽게 열릴 줄 누가 알았으랴?

미국에서 15년을 사는 동안 운전하며 졸았던 적이 몇 차례 있었음을 고백한다. 그런 나를 두고 조수석에 앉은 아내는 편히 잠을 이루지 못했다. 수시로 내가 조는 건 아닌지 확인하느라 분주했다. 그러나 귀국한 후 지난 20여 년간 나는 단 한 번도 졸음운전을 하지 않았다. 좌우에서 수시로 끼어드는 차들 때문에 감히 졸 엄두조차 내지 못하고 살았다. 미국에서는 종종 기분 전환을 위해 아내와 함께 차를 몰고 교외로 달려 나가곤 했지만 지금은 꼭 필요하지 않으면 절대로 운전대를 잡지 않는다. 그리도 좋아하던 운전이 어느덧 내 삶의 가장 큰 스트레스 요인이 되었다.

자동차의 천국 독일은 속도 제한이 없는 아우토반에서도 우리보다 훨씬 낮은 사고율을 자랑한다. 누구나 반드시 지켜야 할 아주 단순한 규칙들이 있고 모두가 그걸 철저하게 준수하기 때문이다. "Keep right(우측통행)!"는 언제나 가장 오른쪽 차선에서 주행해야 한다는 규칙이다. 그리고 추월하려면 반드시 좌측 차선으로 이동하여 속력을 내야 한다는 '좌측 추월'의 규칙이 있다. 이 두 규칙만 지키면 자연스레 주행선과 추월선이 분리되련만 우리나라 고속도로에서는 좌우 양측에서 추월하려는 차들이 밀고 들어오기 때문에 사고가 많이 나는 것이다.

사소한 규칙들이 모여서 선진사회를 만든다. 국민 모두가 하루아침에 성인군자로 거듭나야만 선진국이 되는 게 아니다. 그렇지만 아무리 사소한 규칙이라도 너도나도 슬금슬금 어기기 시작하면 졸지에 후진국으로 전락할 수 있다. 언제부터인가 우리 주변에는 모두가 엄수하는 규칙을 혼자 대놓고 어기고도 버젓이 잘 먹고 잘사는 사람들이 너무 많이 눈에 띈다.

복고풍 범퍼

서울 시내에서 운전을 하다 보면 종종 울화통이 터진다. 딱히 막힐 곳도 아니고 막힐 시간도 아니건만 졸지에 길게 늘어선 차들 꽁무니에 코를 박게 될라치면 정말 짜증 난다. 한참을 엉금엉금 기어 사고 현장을 지나칠 무렵 기껏해야 범퍼가 약간 긁힌 정도의 사소한 접촉 사고란 걸 발견할 때면 정말 어처구니가 없다. 나는 사고를 낸 두 운전자가 서로 돈 몇 푼 덜 내려고 승강이를 벌이는 바람에 아무 잘못도 없이 금쪽같은 시간을 낭비한 모든 운전자에게 손해 배상을 하게 만드는 제도가 필요하다고 생각한다.

하지만 사실 보다 근원적인 해결책이 있다. 1990년대 중반 우리나라에서도 방영된 미국 영화 「하우스게스트Houseguest」(감독: 랜덜 밀러)에는 주인공이 피츠버그 길거리에 평행 주차를 하는 장면이 나온다. 아무리 봐도 차가 들어갈 만한 공간이 아니건만 그는 범퍼를 이용해 앞뒤에 주차되어 있는 차들을 차례로 밀어붙이며 능숙하게 구겨 넣는다. 예전에 보스턴에 살 때 나도 즐겨 사용하던 주차 기술이다. 주차 공간이 부족한 도심에서 범퍼는 더할 수 없이 유용한 부품이었다. 옛날 차들에는 대개 고무 재질의 탄력성 범퍼가 앞뒤로 붙어 있어서 주차할 때나 저속으로 운행할 때 발생하는 가벼운 충돌은 사고 축에도 끼지 못했다.

'범프bump'는 '부딪치다'라는 뜻의 동사이고 '범퍼bumper'는 부딪치라고 만든 물건이다. 그러나 언제부터인가 자동차 회사들이 차체와 동일한 색의 범퍼 커버를 만들어 씌운 다음부터는 조금만 긁혀도 큰돈을 들여 전체를 교체해야 한다. 미국 CBS TV 시사 프로그램 「식스티 미니츠60 Minutes」의 독설가 앤디 루니Andy Rooney는 "범퍼가 보호하는 것은 차와 사람이 아니라 자동차 부품 회사"라고 꼬집은 바 있다. 그의 계산에 따르면 2만 달러를 주고 산 차가 큰 사고를 당해 모든 부품을 교체하여 복원하려 했더니 물경 12만 5천 달러가 들더란다. 범퍼만 복고해도 서울 시내 교통 체증이 확 줄어들 것이다. 접촉 사고를 낸 운전자들이 마치 유원지에서 범퍼카를 즐기는 사람들처럼 서로 웃으며 지나칠 테니 말이다.

○——— 폴리스와 CCTV

1984년 여름 나는 중미 코스타리카에서 '열대생물학'을 수강했다. 두 달 동안 코스타리카의 여러 지역을 돌며 다양한 생태계를 체험하고 야외 관찰과 실험을 하는 수업이었다. 난생처음 접하는 신기한 열대 동식물로부터 우리는 잠시도 눈을 뗄 수 없었다. 그 당시 우리가 수업의 주제가로 뽑은 노래가 있었다. 바로 같은 남자끼리 봐도 참 멋있는 남자 스팅Sting이 이끌던 록밴드 '폴리스The Police'가 1983년에 발표하여 8주 동안이나 빌보드 1위를 했던 「당신의 모든 숨결마다Every breath you take」라는 노래였다.

"당신이 내쉬는 모든 숨/당신의 움직임 하나하나까지/……/나는 당신을 지켜볼 겁니다/하루도 빠짐없이 매일/당신이 말하는 단어 하나하나/당신이 하는 모든 게임/당신의 모든 밤/나는 당신을 지켜볼 겁니다." 식물과 달리 동물은 기껏 관찰하고 있는데 홀연 달아나버린다. 노래는 이렇게 읊조린다. "오, 당신은 진정 모르시나요/당신이 내 손안에 있다는 걸/당신의 걸음걸음 하나하나가 얼마나 내 여린 가슴을 쥐어뜯는지."

공공장소에서 음란 행위를 하다 적발된 전 제주지검장이 경찰에게 엉뚱한 사람을 체포했다고 우기다가 CCTV 때문에 들통 난 일이 있었다. 고화질의 CCTV 자료가 최근 여러 사건들에 결정적인 단서를 제공하고 있다. 한 언론 보도에 따르면 CCTV가 전국에 450만 대가 넘는단다. 수도권 지역에 사는 사람은 길을 걸을 때 9초마다 한 차례씩 CCTV에 찍힌다고 한다.

경찰이 CCTV를 통해 우리의 움직임 하나하나를 지켜보고 있다. 범인 검거의 일등공신인 줄은 알지만, 자꾸 조지 오웰의 소설 『1984』에서 텔레스크린을 통해 사회 구성원을 감시하던 '빅 브라더Big brother'가 떠오른다. 개인 화장실에까지 텔레스크린을 설치한 빅 브라더의 만행에 치를 떨면서도 우리는 요즘 근처 맛집 정보를 얻기 위해 기꺼이 자신의 존재와 위치 정보를 위성항법시스템GPS에 바친다. 30여 년 전 '경찰'이라는 이름의 영국 밴드가 부른 노래가 그대로 오늘의 현실이 되었다

독서 실종

2013년 여름 미국 출장 중에 『총, 균, 쇠』의 저자 재러드 다이아몬드 UCLA 교수와 전화 통화를 했다. 오랜만에 그의 책에 대해 이런저런 얘기를 나눌 수 있어 좋았다. 거의 10년 전에 번역되어 나온 그의 책이 또다시 베스트셀러가 되며 관심을 끌고 있다. 그 책이 서울대 학생들이 학교 도서관에서 가장 많이 대출한 책 가운데 하나였다는 언론 보도가 발단이었다.

2014년 10월 13일자 『교수신문』에는 3월부터 9월까지 서울 시내 6개 대학 도서관의 대출 현황 자료가 실렸다. 이번에도 『총, 균, 쇠』는 서울대 도서관 대출 목록에서 당당히 2위를 차지했다. 그런데 대출 횟수가 고작 61회다. 1위와 3위를 기록한 책도 각각 80회와 59회에 불과하다. 교원까지 합하면 3만 명이 훌쩍 넘는 서울대의 지성인들이 6개월 동안 도서관에서 빌려본 책이 겨우 이 정도다. 물론 돈의 여유가 있어 이보다 훨씬 많은 책을 사서 읽었다면 좋으련만, 단군 이래 최악의 불황이라는 출판업계의 아우성을 감안하면 그 또한 기대하기 어려울 듯싶다. 다행스럽게도 서울대를 제외한 나머지 5개 대학의 1~3위 대출 횟수는 모두 각기 100회 이상을 기록했다. 희망을 접기에는 아직 이른가 싶었으나 거의 모든 대학의 10위 이내 책들이 한결같이 만화와 소설책

일색이라는 사실에 또 한 번 좌절을 맛본다.

지난 몇 년간 나는 '기획 독서'의 필요성에 대해 목청을 높여왔다. 기껏해야 첫 직장을 얻어주는 데까지만 책임지는 대학 교육에 온전히 기대지 말고 여러 다양한 분야의 책들을 두루 기획하여 읽어야 한다. 그런 기획 독서가 가장 지양하는 게 다름 아닌 '편식 독서'이다. 소설이나 자기계발서를 읽는 게 잘못은 아니다. 그것만 읽는 게 안타까울 뿐이다. 책을 이렇게 안 읽으면서도 선진국이 되겠다는 것인가? 독서랑은 애당초 담을 쌓고도 오로지 땀만으로 부자가 된 개인은 여럿 보았지만, 독서 문화가 실종된 채 선진국이 된 나라는 본 적이 없다.

무기력사회를 넘어서

마음이 우울해 도무지 일이 손에 잡히지 않는다. 책 속에 길이 있으려니 하여 한병철의 『피로사회』와 박경숙의 『문제는 무기력이다』를 다시 읽었다. 재독 철학자 한병철은 우리 시대를 긍정성의 과잉에 기댄 '성과사회'이자 우울증이 다스리는 '피로사회'로 규정한다. 소련의 붕괴로 어쭙잖은 승리감에 도취된 자본주의 사회가 어느덧 우리 모두를 노동만 하는 동물로 만들었건만, 결코 행복한 삶을 보장해주지 못하는 까닭이 바로 피로의 폭력화라고 갈파한다. 이런 피로 과잉의 시대를 극복하는 방법으로 그는 무작정 활동적인 삶에서 벗어나 '깊은 심심함'과 '돌이켜 생각함'을 통한 사색적 삶의 부활을 제안한다. 그러나 우리가 살고 있는 이 대한민국은 심심함의 사고思考를 허용하지 않는다. 쉴 새 없이 터지는 사고事故 때문에 개인의 일상적 피로는 물론 사회 전체가 만성적 피로에 시달린다.

세월호 침몰 사건은 한국 사회에 심각한 트라우마를 남겼다. 최소한의 책무조차 내팽개친 채 자기부터 챙기고 보는 극도의 이기주의, 위기 상황에서 적나라하게 드러난 일부 정부 부처의 총체적 무능력, 첨단 기술을 가졌다더니 기껏 시속 12킬로미터의 물살 때문에 선체에 제대로 접근조차 못하는 인간이라는 존재의 무기력함…… 그렇다, 문제는 무기력이다. 인지과학자 박경숙에 따르면 무기력은 산에서 길을 잃어 헤매는 과정이 아니라 사막에서 나침반을 잃어버리는 경우란다. 산에서는 길을 잃더라도 계속 낮은 곳을 향해 하산하면 살아남을 수 있지만 사방이 똑같은 사막에서 나침반을 잃으면 속절없는 방황만 계속할 수 있다.

우리 사회 곳곳에 여전히 만연한 후진적 관행, 대형 사고 때마다 여실히 드러나는 위기관리 체계의 부재, 온 국민이 한마음으로 매달렸건만 속수무책으로 좌절당하는 무력함에 혹여 우리 사회 전체가 무의식적 무기력 상태에 빠져드는 건 아닐까 두렵다. 그렇다고 이미 거쳐 온 '규율사회'로 되돌아가서는 안 되지만, 이참에 우리의 삶을 근본부터 다시 돌아봤으면 한다. 페터 한트케가 말하는 '눈 밝은 피로'가 새롭다.

신뢰와 칫솔

신뢰에 관해 서양 사람들끼리 주고받는 우스갯말이 있다. 어린 딸과 함께 좁은 다리를 건너던 아빠가 은근히 겁이 나서 딸에게 이렇게 말한다. "얘야, 물에 빠지지 않게 내 손을 꼭 잡으렴." 그러자 딸은 "아니, 아빠가 제 손을 잡으세요"라고 말한다. 의아해하는 아빠가 "무슨 차이가 있길래?" 하며 묻자 딸은 이렇게 답한다. "제가 아빠 손을 잡았다가 무슨 일이라도 생기면 저는 아마 아빠 손을 놓아버리겠지만, 아빠가 제 손을 잡는다면 무슨 일이 일어나도 아빠는 절대 제 손을 놓지 않을 테니까요." 손은 절박한 쪽에서 먼저 잡는 법이다.

신뢰란 본래 서로 믿고 의지하는 상태를 뜻하지만 신뢰의 정도가 완벽하게 대칭인 경우는 거의 없다. "신뢰받을 짓을 했어야 신뢰하지"라고 말하지만 모든 인간관계에서 상대가 신뢰받을 짓을 할 때까지 기다릴 수는 없다. 신뢰 관계란 내게 충분한 정보가 없더라도 스스로 판단하여 먼저 만들어가는 것이다. 진화생물학자들이 자연계에서 협력 관계가 진화할 수 있는 가장 탁월한 상황으로 여기는 '팃포탯 Tit-for-Tat,' 즉 맞대응 관계도 누군가의 '묻지마 믿음'에서 시작되어야 한다. 아무도 시작하지 않으면 아무것도 시작되지 않는다.

일단 한쪽에서 신뢰의 돌을 쌓기 시작하면 받는 쪽에서는 그 신뢰의 탑을 무너뜨리지 말아야 한다. 대학 시절 사흘이 멀다 하고 우리 집에서 자고 가던 친구가 있었다. 그런데 허구한 날 학군단 훈련 때문에 나보다 일찍 나가는 녀석이 자꾸 내 칫솔로 이를 닦는 게 아닌가? 그래서 고민 끝에 기묘한 꾀를 냈다. 내 칫솔에 "손님용"이라는 이름표를 붙여놓았다. 그랬더니 그 뒤로 내 칫솔은 늘 보송보송했다. 그런데 어느 날부터인가 다른 가족들의 칫솔이 돌아가며 축축해지기 시작했다. 우리 둘 간의 신뢰가 무너지자 애꿎은 주변 사람들이 피해를 보기 시작한 것이다. 그때 나는 신뢰란 당사자 둘만의 끈이 아니라 공동체 모두에게 걸쳐 있는 그물이라는 걸 깨달았다. 우리 함께 서로를 배려하는 촘촘한 신뢰의 망을 만들어갔으면 좋겠다.

남쪽으로 튄 자유

김상용 시인은 남으로 창을 내겠다며 왜 사냐건 그저 웃는다 했다. 밭은 '한참갈이'지만 구름이 꼬인다 갈 리 있느냐 묻는다. 참다못해 국민의 의무마저 거부하고 남쪽으로 떠나버린 한 가족의 좌충우돌 이야기가 영화로 나왔다. 우리에게 「우생순」(우리 생애 최고의 순간)의 감동을 선사했던 임순례 감독의 「남쪽으로 튀어」라는 영화이다.

그런데 이 영화를 두고 사회 통합을 부르짖어도 시원치 않을 마당에 무정부주의를 부추긴다며 마뜩잖아 하는 이들이 제법 있는 모양이다. 이미 40여 년 전 미국 개척시대에 가장 악랄했던 은행 강도들의 이야기를 미화한 「내일을 향해 쏴라」(감독: 조이 로이 힐)도 여유롭게 받아들였던 우리가 왜 이 정도 영화에 거부감을 느껴야 하는지 의아할 따름이다. 시대는 우리더러 다름과 차이를 단순히 인정하는 것을 넘어 적극적으로 찾아 포용하라 요구하고 있건만.

미국 유학 시절 나는 강산도 변한다는 10년 동안 보스턴에 살며 자기 선택권에 관한 한 그 무엇과도 타협하지 않는 미국 시민의 투철함을 보았다. 훗날 대권에 도전했다 실패한 바 있는 당시 매사추세츠 주지사 마이클 두카키스는 안전띠 착용을 법으로 제정하려다 죽음을 선택할 권리를 억누르지 말라는 주민들의 반대에 부딪혀 끝내 뜻을 이루지 못했다. 그런 동네에서 고스란히 장년기를 보낸 터라 나는 내가 내 삶의 주인이 되지 못하는 상황을 참기 어려워한다.

2011년에 펴낸 책 『과학자의 서재』에서 나는 세상에서 가장 성공한 사람은 가장 '자기답게 사는 사람'이라고 규정했다. 영화 「남쪽으로 튀어」의 최해갑은 마뜩잖은 건 하지 않고 할 말은 하며 살고 싶은, 말하자면 자기답게 살고 싶은 사람이다. 김상용 시인은 "강냉이가 익걸랑 함께 와 자셔도 좋소"라고 했다. 시간이 나면 잘 익은 강냉이 한 바구니를 끼고 영화 속 최해갑에게 자신을 투영해보라. 그를 보며 무상해탈無相解脫의 경지에는 이르지 못하더라도 최소한 함께 웃어넘길 수 있어야 이른바 '국민 대통합'에 동참할 수 있다.

어찌 됐든 차에 타서는 꼭 안전띠를 매기 바란다. 물론 철저하게 당신의 자발적인 선택에 따라 하기 바란다. 모두 '소마'를 복용하고 완벽하게 길들여져야만 '멋진 신세계'를 만들어낼 수 있는 것은 아니니다.

88만 원 세대의 투표권

민주주의의 역사는 다시 말하면 투표권 취득의 역사이다. 지금은 민주국가를 대표하지만 미국에서 흑인이 투표권을 얻은 것은 1870년이었고, 여성은 그보다도 훨씬 늦은 1920년이 되어서야 투표에 참여할 수 있었다. 투표권과 관련하여 인종과 성별 못지않게 민감한 게 연령이다. 미국의 경우 오랫동안 만 21세가 되어야만 투표할 수 있었던 것이 1971년 개정법안이 통과되며 만 18세로 낮아졌다. 투표권의 나이가 이처럼 3년이나 낮아진 데는 베트남 전쟁이 큰 역할을 했다. 젊은 나이에 전쟁에 끌려가 목숨을 잃을 수도 있는데 정작 그런 결정을 내리는 지도자를 선출할 권리는 갖지 못하는 모순을 바로잡자는 목소리가 설득력을 얻은 것이다.

현재 우리나라에서는 만 19세가 되어야 투표권을 얻는다. 미국보다 일 년이 늦은데 우리가 미국 사람들보다 그만큼 성숙하지 못하다는 것이냐는 볼멘소리가 드높다. 그래서일까, 지난번 대통령 선거와 함께 치러진 서울시교육감 재선거에 출마할 진보 진영의 단일 후보를 추대하는 과정에서는 만 17세 이상이면 누구나 시민선거인단으로 참여할 수 있었다. 그렇지만 미국의 흑인과 여성 그리고 젊은이들이 얼마나 어렵게 투표권을 획득했는지에 대한 역사적 인식도 없이 아직도 우리 사회의 많은 젊은이들은 투표일을 그저 뜻밖에 횡재한 노는 날로만 생각하는 것 같아 적이 실망스럽다.

"투표ballot냐 총알bullet이냐?" 1964년 미국의 시민운동가 맬컴 엑스Malcolm X의 대중연설 제목이다. 당시 미국 의회에 상정되어 있던 시민권 법안의 통과를 위해 흑인들로 하여금 투표에 참여하도록 독려하는 연설에서 그는 이렇게 말했다. "투표는 마치 총알과 같다. 우리가 투표권을 사용하지 않는다면 자칫 총을 사용해야 될지도 모른다. 투표가 아니면 총알이다." 세계인권선언을 이끌어 낸 프랑스 레지스탕스의 전설 스테판 에셀은 천수를 바라보는 나이임에도 『참여하라』라는 책에서 젊음의 무관심은 그 자체로 죄악이라며 "분노했다면 참여하라! 참여가 세상을 바꾸는 첫번째 발걸음이다!"라고 부르짖는다. '88만 원 세대'라는 소리를 들으면서도 그 굴레를 벗기 위한 아주 가벼운 첫걸음조차 떼지 않는 것은 스스로 삶을 포기하는 짓이다.

여론인가 연론인가

대학원에 진학하여 행동생태학이나 진화생물학을 전공하고 싶다며 대학에서 어떤 공부를 미리 하고 오면 되느냐고 묻는 학생들에게 나는 영어와 통계학을 권한다. 영어는 이제 명실공히 만국공용어가 되었다. 학술언어로는 더더욱 그렇다. 일상언어는 지역에 따라 스페인어나 중국어가 통용되기도 하지만 학술회의나 학술 논문의 경우에는 처음부터 끝까지 영어 일색이다. 아무리 훌륭한 연구라도 영어로 발표하지 않으면 빛을 보기 어렵다.

과학 연구에서 통계학만큼 중요한 도구도 별로 없다. 나는 과학을 종종 입증 과학proof science과 통계 과학statistical science으로 나누어 생각한다. 물리학과 화학의 일부 분야에서는 단 한 번의 실험으로도 이론을 입증하거나 물질의 존재를 확정할 수 있다. 힉스 입자의 유무에 관한 유럽입자물리연구소CERN의 연구가 입증 과학의 전형적인 예이다. 이런 몇몇 과학 분야를 제외한 대부분의 과학은 무수히 많은 관찰과 실험의 결과로 증거들이 축적되어 패러다임이 확립되는 과정을 거친다. 이런 점에서 볼 때 생물학과 지구과학은 대체로 통계 과학에 속한다. 그런데 통계 과학에는 태생적인 한계가 있다. 현상 세계의 모든 구석구석을 죄다 관찰할 수 없어 모집단과 표본 간의 간극을 줄이기 위해 태어난 학문이 바로 통계학이다. 통계학적 안목을 갖고 설계한 실험은 그렇지 않은 실험과 그야말로 천양지차를 만들어낸다.

여론 조사 결과에 울고 웃는 정치계만큼 통계학의 위력을 맹신하는 분야가 또 있으랴 싶다. 그런데 요즘 우리나라 여론 조사는 심각한 신뢰성 문제를 드러내고 있다. 조사기관에 따라 여론 추이가 달라도 너무 다르다. 19세기 영국의 총리 디즈레일리는 계산의 무지가 거짓말 통계를 낳을 수 있음을 "거짓말에는 세 가지가 있는데 거짓말, 새빨간 거짓말 그리고 통계가 그들이다"라는 말로 꼬집었다. 모집단과 최대한 닮은 표본을 추출하려는 노력이 통계학의 기본이건만, 실제로는 자신에게 유리한 표본과 질문을 얻어내려 아등바등한다. 여론輿論을 파악하려는 것인지 여론餘論을 부풀리려는 것인지 의심스럽다. 이른바 '데이터 마사지data massage'를 이처럼 대놓고 할 바에야 차라리 연론演論이라 부르는 게 낫지 않을까 싶다.

예언과 예측

2002년 월드컵 4강의 주역 이영표 선수가 선수 생활을 접은 뒤 해설위원으로 화려하게 등극했다. 지난 2014년 브라질 월드컵의 경기 결과를 승패는 물론 때로는 스코어까지 정확하게 맞춰 '작두 영표' 또는 '표스트라다무스 문어' 등의 별명까지 얻으며 선수 시절을 능가하는 절정의 인기를 누리기도 했다. 급기야 영국 BBC 방송이 그를 인터뷰하며 큰 관심을 보였다고도 한다.

그러나 나는 그를 "신이 내렸다"며 영험한 점쟁이로 몰고 가는 것은 옳지 않다고 생각한다. 예언이란 실상 예측 결과를 말로 표현하는 것에 지나지 않건만, 예측에는 학술적인 의미가 담겨도 예언은 왠지 미신이나 종교의 냄새를 풍긴다. 그는 "황금기 이후의 암흑기는 생각보다 훨씬 빨리 온다"며 일찌감치 스페인 축구의 몰락을 예견했다. 축구의 세계에서는 종종 최고의 팀이 급작스레 추락하는 일이 있었다는 관찰에다, 스페인 축구에 이미 많은 팀들이 익숙해져 있다는 분석을 보태 결과를 예측한 것이다. 당시 한국—러시아 전에 대해서도 러시아 선수들이 시간이 갈수록 체력이 떨어지는 경향이 있으며 그럴 때 수비 뒷공간을 가장 잘 파고드는 이근호 선수가 골을 넣을 가능성이 높다고 예측했고 그대로 적중했다.

바하마 출신의 목사이자 탁월한 강연자인 마일즈 먼로Myles Monroe는 예지력vision을 다음과 같이 설명한다. "과거에 관한 지식을 바탕으로 통찰력을 기르면 미래를 예측할 수 있다." 이영표 해설위원은 주술의 힘을 빌려 신의 계시를 방언하는 예언자가 아니라 꼼꼼한 자료 분석에 세계 최고 수준의 선수들과 뛴 경험을 버무려 논리적인 예측을 내놓는 일종의 미래학자이다. 언뜻 TV 화면에 비친 그의 분석 노트를 보았다. 무지를 부끄러워하기는커녕 몽매함으로 오히려 인기를 끄는 연예인들 때문에 TV를 끄고 살던 내게는 참으로 신선한 충격이었다. 평생 땡볕에서 공만 찼을 축구선수가 이 정도인데 왜 우리 사회의 다른 곳에서는 여전히 주먹구구와 막무가내가 판을 치는 것일까?

축구 실력과 인구 비례

까까머리 중·고등학생 시절 우리는 일 년에 몇 차례씩 단체로 영화 관람을 갔었다. 중학교 1학년 때 본 「사운드 오브 뮤직」은 평생 내게 줄리 앤드루스라는 여인을 가슴에 품게 했고 하릴없이 뮤지컬에 빠져들게 만들었다. 그런데 「벤허」 「닥터 지바고」 「로미오와 줄리엣」 등 명화들을 제치고 내 기억에 그다음으로 가장 또렷이 남은 건 바로 「골! 월드컵 1966」(감독: 로스 디방시·아비딘 디노)이라는 영화였다. 영국이 유일하게 우승을 차지한 1966년 런던 월드컵을 영화로 만든 것이라 바비 찰튼과 제프 허스트 등 영국 선수들을 영웅으로 띄웠지만, 나는 오히려 독일 축구의 조직력과 베켄바우어의 매력에 흠뻑 빠져들었다. 2014년 브라질 월드컵에서 나는 초지일관 독일의 우승을 예언했고 결국 돗자리를 깔았다. 사실 예언이랄 것도 없다. 그냥 내가 제일 좋아하는 팀을 응원했을 뿐.

브라질 월드컵에서 우리 팀은 단 한 경기도 이기지 못하고 조별 리그에서 탈락했다. 선수들은 물론 최선을 다했겠지만 당시 국민들이 느낀 아쉬움은 컸다. 전문가들은 심지어 국민성까지 들먹이며 개인은 탁월한데 모이면 오합지졸이 된다고 개탄하기도 했다. 과연 그럴까? 어느 나라든 특출한 한두 명은 있을 수 있다.

아무리 작은 개체군이라도 특이한 변이는 언제든 나타날 수 있기 때문이다. 그러나 축구의 경우에는 적어도 11명, 바람직하게는 23명의 김연아, 양학선, 이상화 같은 걸출한 변이가 필요하다.

개체군의 규모가 크면 대체로 변이의 폭도 크다. 독일의 인구는 8천만 명이 넘고 브라질은 2억 명이 넘는다. 프랑스, 영국, 이탈리아도 6천만 명이 넘는다. 인구 5천만의 대한민국 축구가 적어도 인구 4천만 명대의 아르헨티나, 콜롬비아, 스페인 수준은 돼야 한다고 주장한다면 마냥 억지일까? 만일 축구 실력과 인구가 정비례하는 게 아니라면, 인구가 겨우 500만 명도 안 되는 코스타리카, 크로아티아, 우루과이 그리고 기껏 1천만 명대의 네덜란드, 포르투갈, 벨기에의 성공 비결을 벤치마킹할 필요가 있다. 그저 "파이팅"만 부르짖지 말고 치밀하게 분석하고 기획할 때가 되었다고 생각한다.

호칭 유감

언제부터인가 병원에서 '간호원'이라는 호칭이 사라졌다. 이젠 모두 '간호사'라고 부른다. 의사와 간호사는 교사와 마찬가지로 '스승 사師'를 쓴다. 그런데 왜 초·중·고등학교에서 가르치는 선생님은 교사 즉 '가르치는 스승'이라 일컫고 대학에서 가르치는 사람은 '줄 수授'를 붙여 교수라고 부를까? 대학의 선생은 애당초 지식이나 전해줄 뿐 언감생심 스승이 되려 하지 말라는 뜻인가? 스승 됨이 부러워 '교수 선생님' 즉 '교수사敎授師'라 불러달라 하려니 그건 "예법을 가르치는 승려"를 일컫는 호칭이란다.

이 땅에 딸 가진 부모들이 사윗감으로 좋아한다는 '사'자 돌림 직업 의사醫師, 박사博士, 변호사辯護士, 판검사判檢事는 제가끔 다른 '사'를 쓴다. '선비 사士'는 어떤 특정한 일에 종사하는 사람을 일컫는 접미어 중에서 목수와 소방수의 '손 수手'나 직원과 공무원의 '인원 원員'에 비해 훨씬 존대하는 호칭이다. 그런데 판사와 검사의 '사事' 자는 어떤 일에 종사하는 사람은커녕 '일' 그 자체를 일컫는다. 왜 같은 법조인인데 민간 부문에서 일하는 변호사에게는 선비의 호칭을 붙여주고 공공 부문에 종사하는 판사와 검사에게는 그저 일만 잔뜩 안겨준 것일까?

호칭에 대한 유감이 많기로는 과학자科學者가 으뜸일 듯싶다.

똑같은 영어 접미어 '~ist'를 쓰건만 예술가artist에게는 그 방면의 지식이나 솜씨가 남보다 월등하다는 의미로 '집 가家'를 헌납하고 왜 과학자scientist에게는 좀 얕잡아 이르는 호칭인 '놈 자者'를 붙여줬을까? 노름꾼이나 구경꾼처럼 어떤 일을 전문적 또는 습관적으로 하는 사람을 일컫는 '꾼'을 가져다 붙인 '과학꾼'쯤으로 들린다. 섭섭하기로는 학자學者나 기자記者도 만만치 않으리라. 그렇다고 '학가'나 '기가'로 부를 수는 없겠지만, '과학가'는 사실 그리 어색하지 않다.

김춘수 시인은 "내가 그의 이름을 불러주었을 때/그는 나에게로 와서/꽃이 되었다"고 노래했지만 기껏 불러주는 이름이 오랑캐꽃이라니. 일부러 심지도 않았는데 정원 가장자리로 수줍게 줄지어 선 시골 계집아이들 같은 꽃. 나는 너희들을 제비꽃이라 부른다. 며느리밑씻개에게는 언제나 고상한 이름을 붙여주려나.

조금만 비겁하게

나이가 들면 점점 더 고집스러워진다는데 나는 정반대로 가고 있는 것 같다. 젊은 시절에는 나도 다짜고짜 내 의견을 말하기 좋아했다. 하지만 나이가 들면서 나는 점점 자신을 잃어가고 있다. "단언컨대……"라고 시작하는 TV 광고가 한참 유행했지만 언제부턴가 나는 단언하기가 겁이 난다. 주변에서 확신에 차 있는 사람들을 보면 많이 부럽다. 어떻게 하면 저런 자신감을 갖출 수 있을까 부러움을 금치 못하겠다.

내가 이처럼 다소곳해진 데에는 미국 유학 시절의 경험이 결정적인 역할을 했다. 하버드 대학교에는 학부생들과 대학원생이 함께 들을 수 있는 수업들이 있다. 학기 초에는 콩인지 팥인지도 구별 못하던 어린 학부생이 불과 서너 주 만에 이미 석사까지 마친 나를 가뿐히 제치고 나아가는 모습을 보며 느꼈던 모멸감은 지금도 잊지 못한다. 내 지도교수였던 에드워드 윌슨 교수를 무자비하게 공격하던 리처드 르원틴 교수는 지금까지 내가 만난 인간 중에서 가장 명석한 두뇌를 지녔다. 어떤 주제의 세미나든 그저 한 시간만 들으면 그 연구를 평생 해온 발표자를 압도해버리는, 그 살아 있는 천재를 보며 무한한 좌절감을 느꼈다.

나보다 더 훌륭한 생각을 하는 사람이 언제든 주변에 있을 수 있다는 걸 알게 된 이후 나는 비겁卑怯해지기로 결정했다. 일단 다른 사람들의 얘기를 듣기로 했다. 여러 사람들의 의견을 두루 들은 다음 그걸 종합하고 은근슬쩍 거기에 내 생각을 조금 버무려 마치 내 것인 양 꺼내놓는 짓을 하기 시작했다. 생각해보면 지극히 비겁한 전략이다. 그런데 어쩌랴? 비겁함이 우리로 하여금 뭉치게 만드는걸.

18세기 영국 작가 새뮤얼 존슨Samuel Johnson은 이렇게 말했다. "다 같이 비겁해지면 평화로워진다. 인류의 절반은 용감하고 절반은 겁쟁이라면, 용감한 자들이 늘 겁쟁이들을 윽박지를 것이다. 만일 모두가 다 용감하면 늘 서로 싸우며 대단히 불편한 삶을 살게 되겠지만 모두가 겁쟁이면 우리는 함께 잘 살 것이다." 우리 모두 조금만 비겁해지자. 그러면 세상은 뜻밖에 훨씬 살기 좋은 곳이 될 것이다.

여왕 김연아

나는 김연아 선수 팬클럽에서 제법 인기 있는 사람이다. 2012년 EBS 강연 시리즈 〈공감의 시대—왜 다윈인가?〉에서 제5차 세계빙상연맹 피겨 그랑프리 쇼트 프로그램 결과를 화면에 띄운 채 90도로 절하며 김연아 선수를 가리켜 "제가 이 세상에서 가장 존경하는 분입니다"라고 했더니 "최재천 교수, 괜찮은 사람인 것 같다"는 댓글들이 이어졌다.

그 경기에서 김연아 선수는 76.28이라는 경이적인 점수를 기록했다. 2등과 3등을 한 미국과 헝가리 선수의 점수는 각각 58.80과 58.54였다. 피겨스케이팅에서는 종종 소수점 이하 점수 차이로도 메달의 색이 달라지는 법인데 당시 김연아 선수의 점수는 다른 선수들의 점수에 비해 무려 17점이나 높았다. 우리나라 오천 년 역사에서 그처럼 압도적으로 세상을 제패한 사람이 있는가? 우리는 그동안 그야말로 젖 먹던 힘까지 다해 싸워 거의 언제나 참패했고 아주 가끔 가까스로 이겨보았다. 그 강의에서 나는 이렇게 말했다. "우리 김연아 선수는 옥상에서 홀로 우아하게 노니는데 세상 모든 떨거지들은 지하실에서 헤매고 있다." 그 후 나는 이 세상에서 가장 존경하는 위인 목록에 양학선 선수와 이상화 선수를 추가했다. 이들의 공통점은 그 누구도 범접할 수 없는 압도적인 실력으로 우뚝 섰다는 것이다. 나는 이것이야말로 21세기 대한민국이 추구해야 할 진정한 목표라고 생각한다.

리프니츠카야의 등장으로 엉겁결에 얻은 언감생심焉敢生心을 어쩌지 못한 러시아가 결국 소트니코바를 앞세워 도행역시倒行逆施의 우를 범한 듯싶다. 지난 2014년 소치 동계올림픽 개막식에서 보여준 '문화강국 러시아'의 이미지는 끝내 메달에 눈이 먼 추잡한 '어제의 제국'으로 전락했다. 한편 분노하는 백성들 앞에서 여왕은 '렛 잇 고Let it go'의 의연함을 보여주었다. 밴쿠버의 공주가 소치 겨울왕국에서 드디어 만인의 여왕으로 등극한 것이다. 지금까지 나는 그저 실력 때문에 그를 존경했다. 그러나 이제는 그를 인품으로도 마음 깊이 존경한다. "김연아 선수, 나는 이 세상천지에서 당신을 가장 존경합니다."

달콤한 돈

2015년 1월 의정부 아파트 화재 때 동아줄을 타고 내려와 주민 10명을 구한 영웅 이승선 씨가 그의 의행義行에 감명받은 어느 독지가가 내놓은 성금 3천만 원을 더 어려운 사람을 돕는 데 쓰라며 사양했단다. 평소 건물 벽면에 간판 다는 일을 하는 그는 그날 우연히 화재 현장을 지나다 마침 갖고 있던 밧줄을 이용해 귀중한 생명을 구한 것이다. 시민으로서 마땅히 할 일을 했을 뿐이라며 한사코 성금을 고사한 그는 우리 모두 곱씹을 만한 명언을 남겼다. "땀 흘려 번 돈이라야 달콤하다."

돈에는 나름대로 독특한 맛과 냄새가 있단다. 아르헨티나 부에노스아이레스 국제공항에는 마약 탐지견뿐 아니라 달러 탐지견까지 등장했다니 말이다. 돈 냄새를 맡았거나 돈맛을 아는 사람들이 모여드는 곳이 시장이다. 시장에서 돈을 긁어모으는 사람들은 한결같이 돈맛이 짜릿하단다. 돈에서 달콤한 맛이 난다는 얘기는 이번에 처음 들었다. 어렵게 땀 흘려 번 돈에서는 찝찔한 냄새는 날망정 맛을 보면 달콤한가 보다. 그런가 하면 땀 한 방울 흘리지 않고 덥석 챙긴 돈에서는 어김없이 구린 냄새가 난다. 하지만 따지고 보면 구린 냄새는 돈에서 나는 게 아니다. 구린 냄새는 정당하지 않은 방법으로 돈을 거머쥔 사람에게서 나는 것이다.

나는 2015년 시무식에서 개원한 지 겨우 일 년 남짓한 우리 국립생태원을 탄탄한 반석 위에 올려놓느라 땀 흘려 일한 직원들을 선발하여 상장과 상금을 수여했다. 대상인 '생태人상'은 축구장 92개를 합친 것과 맞먹는 방대한 시설의 안전과 관리를 책임지는 박술현 시설관리과장이 수상했다. 지난겨울 사흘이 멀다 하고 쏟아붓는 눈을 치우느라 이른 새벽부터 비지땀을 흘리며 사는 그가 동남아시아에서 한국으로 시집와 어려운 가족을 부양하느라 힘든 청소일을 하는 부하 직원에게 상금 50만 원을 선뜻 건네주었다. 그 돈은 누가 뭐라 해도 그가 땀 흘려 번 달콤한 돈인데 더 어려운 사람을 돕자며 내놓은 것이다. 돈을 달콤하게 만드는 이런 분들 덕택에 우리 사회는 아직 살 만한 곳인 것 같다.

○——— 덤살이

세계에서 가장 빨리 고령화하고 있는 나라답게 우리나라의 평균수명 증가율은 국제경제협력개발기구OECD에서도 단연 으뜸이다. 우리나라 여성의 평균수명은 1960년에 53.7세였던 것이 유엔인구기금UNFPA의 「2013년 세계인구현황 보고서」에 따르면 기대수명 85세로 세계 3위에 올랐다. 불과 반세기 동안의 변화치고는 참으로 엄청난 변화이다.

일제강점기 때 경성대 의학부 예방의학교실 미즈시마 하루오 교수가 작성한 생명표를 인하대 구자홍 교수가 분석해보니 1926~30년 당시 우리나라 여성의 평균수명은 35.1세였다. 100여 년 전 조선시대 사람들의 수명에 관한 서울대 의대 황상익 교수의 추정에 따르면 그때도 별 차이가 없었던 듯싶다. 『조선왕조실록』을 통해 정확한 자료가 남아 있는 국왕 27명의 평균수명은 고작 46.1세였다. 만 81세 5개월로 가장 장수한 영조와 72세까지 산 태조 이성계가 고희를 누렸고 광해군(66세), 고종(66세), 정종(62세)이 회갑 잔칫상을 받았을 뿐이다. 평민들은 그 당시에도 그저 35세 안팎에 사망했을 것이란다.

고려시대는 사정이 오히려 나아 보인다. 고려시대 묘비명들을 분석한 한림대 김용선 교수의 『고려 금석문 연구』에 따르면 당시

귀족들은 39.7년, 그리고 승려들은 70.2년이나 살았다. 15~18세기 프랑스 사람들의 평균수명이 25세였고 17~18세기 일본인들의 평균수명이 30세 내외였던 걸 감안하면, 고려시대는 비교적 생활환경이 괜찮았던 모양이다.

2012년을 기준으로 우리나라의 인구 분포는 40세를 중심으로 얼추 50대50으로 나뉜다. 그렇다면 대한민국 국민의 절반은 덤으로 살고 있다는 말이다. 어차피 개평 인생 즉 '덤살이' 하는 마당에 너무 아등바등 다투지 말고 서로 덕담하며 돕고 살았으면 좋겠다. 옛날 같으면 모두 관 속에 누워 있을 사람들끼리 허구한 날 쌈박질이나 하고 있는 모습은 아무리 좋게 생각해도 꼴불견이다. 기껏 53년을 살다 가신 세종대왕과 이순신 장군이 우릴 보면 과연 뭐라 하실까?

○—— 아리아드네의 실과 고르디우스의 매듭

우리 사회는 지금 다양한 갈등이 빚어낸 이해관계로 인해 마치 고양이가 한바탕 갖고 논 실타래처럼 뒤엉켜 있다. 헝클어진 실타래를 풀겠다며 여럿이 제가끔 실을 잡아당기면 자칫 더 심하게 꼬인다. 세상 많은 일들이 여럿이 함께 거들면 쉬운 법이지만 실타래를 푸는 일만큼은 예외이다. 한 사람이 침착하게 한 올씩 풀어야 한다. 지금 우리 정부에 확실한 컨트롤 타워가 필요한 이유가 여기에 있다.

그리스 신화에는 아테네의 영웅 테세우스가 우두인신牛頭人身의 괴물 미노타우로스를 죽이려 크노소스 궁전으로 들어가는 이야기가 나온다. 그런데 그곳은 건축의 신인 다이달로스가 작심하고 미궁으로 만든 곳이라서 테세우스가 설령 괴물을 죽이는 데 성공하더라도 출구를 찾기란 사실상 불가능한 상황이었다. 하지만 테세우스는 크레타의 왕 미노스의 딸 아리아드네가 쥐어준 실 덕택에 무사히 미로를 빠져나올 수 있었다. 지금 우리 사회가 안고 있는 이 거대한 실타래 속에서 과연 아리아드네의 실을 찾을 수 있을까?

때로는 문제 자체에 코를 박기보다 문제의 근원을 찾아 제거하는 것이 훨씬 효율적이다. 기원전 프리기아의 왕 고르디우스는 자신이 아끼던 수레를 신에게 제물로 바치곤 절대로 풀 수 없는 매듭으로 묶은 다음 그걸 푸는 자가 아시아를 정복하리라 예언했다. 그 후 많은 사람들이 그 매듭을 풀려고 노력했지만 번번이 실패하던 어느 날 페르시아를 정복하고 동진하던 알렉산드로스 대왕이 전설의 매듭 이야기를 듣고 찾아와 단칼에 잘라냈다고 한다. 복잡하고 난해한 문제는 때로 대담하고 근원적인 해법을 필요로 한다.

전후 독일은 화약 냄새보다 부패의 악취를 먼저 제거하기로 했다. 법치국가를 세우면 경제 발전은 저절로 따라온다고 믿었기 때문이다. 아시아에서는 싱가포르가 동일한 길을 걸었다. 지금 이 두 나라는 세계에서 가장 탄탄한 경제를 유지하고 있다. 배고픈 건 참아도 배 아픈 건 참기 어렵다. 다 같이 맞으면 덜 아픈데 나만 혼자 맞으면 훨씬 더 아프다. 원칙을 중시하고 약속을 지키겠다는 박근혜 대통령께 감히 고하련다. 대한민국이 진정 동아시아 시대를 이끌려면 법과 상식의 칼로 단호히 고르디우스의 매듭을 자르시라고. 국민의 신뢰를 얻어 대통합을 이루는 길은 이 길 하나뿐이다.

역사 지능

2014년 7월 시진핑 중국 국가주석의 서울대 강연이 묵직한 여운을 남겼다. 국가의 미래를 책임질 분야는 단연 이공계라며 굳이 공과대학에서 강연을 하면서 정작 내용에는 한·중 우호를 상징하는 두 나라의 역사적 인물들을 줄줄이 언급했다. 개인적으로 최치원, 허균, 김구에 대해서는 배웠고 왕자 스님 김교각과 노량해전에서 이순신 장군과 함께 전사한 명나라 장수 등자룡의 이름은 들어본 적 있지만 공소, 진린, 정율성이라는 이름을 남의 나라 정상의 입을 통해 듣고 있자니 저절로 고개가 숙여졌다.

2005년 여름 어느 일간지의 부탁으로 세계적인 석학 재러드 다이아몬드 교수를 인터뷰하러 로스앤젤레스를 찾았다. 그는 하버드 대학교를 나와 케임브리지 대학교에서 박사학위를 하고 UCLA 의대 생리학 교실의 주임교수로 있으면서 여가선용 차원에서 뉴기니의 새들을 관찰하여 같은 대학의 '생태및진화생물학과'에도 교수로 임용되더니 언제부터인가 아예 지리학과로 옮겨 종횡무진 학문의 경계를 넘나드는 전형적인 통섭형 학자이다. 퓰리처를 수상한 『총, 균, 쇠』의 속편 격인 『문명의 붕괴』에 대해 얘기하던 중 변화무쌍한 동북아 상황에서 대한민국이 살아남을 길이 무엇이냐는 내 돌발 질문에 그는 일말의 머뭇거림도 없이 "핀란드를

벤치마킹하라"는 답을 내놓았다. 당시 67세의 나이에 걸맞지 않게 그는 역대 핀란드 왕들의 이름을 줄줄이 내리꿰며 그들이 언제 어떻게 강대국 러시아를 상대로 절묘한 실리 외교를 펼쳤는지 설명해주었다.

몇 해 전 나는 이제 현대인이라면 모름지기 다윈의 진화론에 대해 알아야 한다는 취지에서 『다윈 지능』이란 책을 냈다. 시진핑 주석이 그저 참모들이 적어준 연설문을 읽었다고 생각하면 오산이다. 중국의 정치지도자들은 기본적으로 중요 한시를 줄줄이 외며 확고한 역사 지식으로 무장되어 있다. 역사관을 따지기에 앞서 우리 지도자들이 과연 최소한의 역사 지식을 갖추고 있는지 묻고 싶다. 한·미 동맹을 굳건히 하며 한·중 동반 관계를 키워가야 하는 이 시점에 탁월한 역사 지능historical intelligence이 필요하다.

개미나라의 단일화

선거철이 되면 대선 후보 간의 단일화를 두고 명분이 없다느니 야합이라느니 구시렁거리지만 개미를 연구하는 내게는 전혀 이상하지 않은 일이다. 해마다 혼인비행에 참여하는 차세대 여왕개미가 지역마다 수만 마리에 이를 텐데 그들이 모두 짝짓기에 성공하고 제가끔 나라를 세운다고 생각해보라. 그야말로 춘추전국시대가 따로 없다. 나라를 세우기에 적절한 장소를 발견하면 여왕개미들은 더 이상 쓸모가 없게 된 날개를 떼어낸 다음 땅속 깊이 굴을 파고 그곳에서 천하를 평정할 군대를 양성한다. 날개 근육과 피하의 지방만으로 거의 같은 시각에 건국 대장정에 돌입한 주변의 수많은 여왕개미들보다 하루라도 일찍 더 많은 일개미를 길러내야 한다.

바로 이 시점에서 많은 여왕개미들이 선택하는 전략이 제휴 또는 동맹이다. 계산은 지극히 간단명료하다. 여왕개미 혼자서 한 달 안에 다섯 마리의 일개미를 키워낼 수 있다고 가정해보자. 여왕개미 둘이 연합하면 열 마리, 넷이 연합하면 스무 마리의 일개미를 키울 수 있다. 신기하게도 여왕개미 여럿이 함께 키우면 일개미들의 발육 속도도 혼자서 키울 때보다 빨라진다. 이쯤 되면 홀로 버티는 여왕개미가 오히려 이상해 보일 지경이다.

홀로 버티는 이유는 간단하다. 동맹 체제에서는 필연적으로 연합한 여왕들 중에서 누가 실제로 정권을 쥘 것인지를 결정하는 단계가 기다리고 있기 때문이다. 개미나라에는 일개미들이 결정하여 한 마리의 여왕을 옹립하거나 여왕개미들끼리 직접 담판을 짓는 두 가지 방법이 있다.

개미나라의 동맹에 이탈이란 없다. 이탈의 문제는 여왕개미들끼리 직접 담판을 짓는 경우보다 일개미들이 한 여왕을 추대하는 경우에 더 심각할 수 있다. 여왕개미 한 마리만 남기고 나머지를 모두 숙청하는 과정에서 상당수의 일개미들은 실제로 자기를 낳아준 어머니를 죽이는 비정한 짓을 저지른다. 그래도 이탈은 없다. 여왕개미들은 기회만 있으면 서로 물어뜯으려 했을지 모르지만 일개미들은 한 치의 흔들림도 보이지 않는다. 정권 창출이 지지후보 충성도나 심지어는 천륜지정天倫之情보다 더 중요하기 때문이리라. 정치란 원래 그런 것이다.

○——— 지도자의 조건

미래학이라는 분야가 있다. 연구의 대상이 미래이다 보니 누구도 완벽하게 실증할 수 없다는 점에서 원천적인 비판을 피하기 어렵다. 예를 들어, 어느 미래학자가 미래에는 로봇이 인간을 지배할 것이라는 예측을 내놓았다고 하자. 여러 해가 지나 온갖 종류의 로봇이 개발되었으나 인간을 지배하는 일은 벌어지지 않자 사람들은 그 미래학자를 비판하기 시작했다. 그러나 미래학자는 여전히 할 말이 있다. "기다리시라니까요. 언젠가 '미래'에는 로봇이 인간을 지배하게 된다니까요." 미래는 영원히 오지 않을 수도 있다.

바로 이런 연유로 미래학은 철저하게 과학이어야 한다. 직관적인 예언이 아니라 정확한 미래 시점을 짚고 현재 시점에서 가용한 모든 데이터를 과학적으로 분석하여 다양한 대안적 예측들을 제시하는 학문이어야 한다. 최근 각광받고 있는 빅데이터 연구는 그 자체가 미래학이며 제대로만 한다면 실로 막강한 힘을 발휘할 것이다. "모르는 게 약"이라는 교훈은 이미 벌어진 과거에만 해당될 뿐, 미래 예측에 관한 한 무지는 거의 확실하게 독이 될 수밖에 없다.

독일의 신학자 위르겐 몰트만Jürgen Moltmann 교수는 미래를 'Adventus(到來)'와 'Futurum(未來)'으로 구분하여 설명한다. 미래학에서 다루는 미래는 당연히 Futurum이지만, 종교는 우리에게 Adventus의 위용을 설파한다. 우리는 흔히 과거가 현재라는 찰나를 거쳐 미래로 흘러간다고 생각하지만, 종교는 신이 미리 정해둔 미래가 현재로 강림한다고 가르친다. 컴퓨터과학자 앨런 케이Alan Kay는 "미래를 예측하는 가장 좋은 방법은 미래를 발명하는 것"이라 했지만, 미래는 발명이 아니라 발견의 대상일 수도 있다는 것이다.

지도자란 우리를 보다 밝은 미래로 이끌어주는 사람이다. 그래서 나는 리더leader는 책을 많이 읽고reader, 깊이 생각하여thinker, 새로운 길을 열어주는 사람trailblazer이어야 한다고 생각한다. 교향악단의 지휘자는 청중에게 등을 돌려야 하지만 국가의 지휘자는 국민의 눈을 들여다보며 희망을 이야기해야 한다. 정해진 미래든 만들어갈 미래든, 그 미래가 이 암울한 현재보다 반드시 밝을 것이라는 확신을 심어줘야 한다.

창조경제의 떡밥

박근혜 정부가 내세운 창조경제의 모호함에 온 나라가 시끄럽다. 특히 정부 부처 수장들의 생각과 이해가 천양지차인 것 같아 그걸 바라보는 국민은 불안하기 짝이 없다. 노벨 경제학상을 수상한 서울대 토머스 사전트Thomas Sargent 교수가 최근 사석에서 박근혜 정부의 창조경제를 가리켜 '헛소리'라 일갈했단다. 2012년 할리우드 영화 「프로메테우스」(감독:리들리 스콧)에 등장하는 안드로이드 로봇 데이비드는 "때로는 창조하기 위해 우선 파괴해야 한다"고 말한다. 창조의 '비롯할 창創'은 "칼(刀)로 상처를 내다(倉)"라는 뜻을 지닌 글자이다. 가지런히 정돈된 틀에서는 창조적인 해법이 나오기 어렵다. 기존 질서의 휘장을 찢고 걷어내야 비로소 창조의 헛소리들이 들리기 시작한다. 복잡계 이론에 따르면 기발한 아이디어는 주로 혼돈의 가장자리에서 나온다. 정연과 혼돈의 경계, 그것도 혼돈 쪽 언덕에서 창조의 흙먼지가 이는 법이다.

1980년대 초 일본의 한 보안경비회사는 종종 상금 1000만 원 정도를 걸고 사원들에게 업무 개선 아이디어를 내라고 했다. 그러던 어느 날 회사가 홀연 상금을 100배, 즉 10억 원으로 올리고 미래 비즈니스 아이디어를 공모했다. 그랬더니 그동안 아이디어를 찾는답시고 책상 앞에 앉아 인터넷이나 뒤지던 사원들이 갑자기 대학 시절 지도교수를 찾아뵙고, 퇴근 후에는 집집마다 가족 회의가 열리며 전국의 술집은 브레인스토밍 모임으로 문전성시를 이뤘단다. 단돈 10억 원의 떡밥에 일본 열도 전체가 들썩였다.

나는 창조경제의 모호함과 불안함이 바로 창조의 불씨를 지피리라 생각한다. 정부가 나서서 가지런히 설명해주고 모두가 그 지침에 따라 경제 활동을 하면 그건 이미 창조경제가 아니라 관치경제 또는 종복경제 從僕經濟이다. 장관들이 버벅거리는 덕에 5천만 국민이 덤벼들었다. 정부가 제시한 6개 추진 전략 중 첫째인 '창조경제 생태계'만 확실하게 조성해주면 충분하다고 생각한다. 제발 완장 두르고 진두지휘하지 마시라. 창조생태계에 확실한 떡밥만 던져주고 저만치 물러서서 5천만 두뇌가 만들어내는 집단지성의 불꽃놀이를 지켜보시라. 창조경제계의 '나가수'와 '히든 싱어'가 우후죽순처럼 일어날 것이다.

이매진 코리아

2002년 우리나라가 월드컵을 개최하며 세계를 향해 부르짖은 슬로건이 있었다. 바로 '역동적인 대한민국Dynamic Korea'이었다. 전 세계인들이 매일 저녁 뉴스에서 우리가 마치 붉은 개미들마냥 바글바글 시청 광장에 모여 신명나게 응원하는 모습을 경이롭게 지켜보았다. 경기가 끝난 다음 역시 개미들처럼 줄지어 돌아간 뒤로 쓰레기 한 톨 남지 않은 모습에 또 한 번 놀랐다고 한다. 그러더니 운동장에서는 붉은 개미 11마리가 4강까지 내달리는 게 아닌가? 우리의 역동성을 아낌없이 보여준 순간들이었다.

일방적 정부 주도로 국민과 공감대를 이루지 못했다는 비판이 있었지만 나름 상당히 성공한 슬로건이었다. 그러나 그 뒤를 이은 것들은 죄다 얼굴이 화끈거릴 정도로 수준 미달이었다. 서울시가 내놓은 '하이 서울Hi Seoul'은 겨우 영어 공부를 시작한 중학생이 만든 것 같았다. 외국인더러 무턱대고 우리 도시에다 인사를 하라니. '코리아 스파클링Korea Sparkling'은 국가 브랜드 이미지로는 '참을 수 없는 존재의 가벼움'을 드러냈다. '코리아 비 인스파이어드Korea Be Inspired' 역시 언뜻 자기 주문을 거는 것 같아 어색하기 짝이 없다.

문화체육관광부가 새로운 슬로건을 준비하는데 키워드가 '상상imagination'이라기에 조금 어쭙잖지만 내가 오래전부터 구상해오던 '이매진 코리아Imagine Korea'라는 슬로건이 있어 꺼내놓았다. 뉴욕의 슬로건 'I♥NY(I love New York)'은 날로 안전하고 매력적인 도시로 변모하는 실제 모습과 그에 대한 뉴욕 시민의 자긍심이 한데 어우러져 세계인을 불러들인 기획의 쾌거였다. 'Imagine Korea' 역시 보다 나은 미래에 대한 우리 스스로의 기대와 케이팝K-pop이 불붙인 한국에 대한 외국인들의 환상을 안팎으로 엮을 수 있는 슬로건이라고 생각한다. 통일 한국을 상상하며 'Imagine Uni-Korea' 또는 21세기를 선도할 대한민국을 상상하며 'Imagine Korea 21'이라 할 수도 있을 것이다. 마치 내 제안을 받아들이기라도 한 듯 'Imagine your Korea'(상상하세요, 당신만의 대한민국!)가 채택되었다. 멋지지 않은가?

70년의 기적

기적을 믿느냐고 물으면 나는 아니라고 답할 수밖에 없다. 기독교인이라면 누구나 모세의 기적을 믿을 것이다. 지팡이 하나로 바다를 가르고 이집트로부터 이스라엘 민족을 구했다는 얘기는 과학자인 나로서는 받아들이기 힘들다. 그러나 우리나라 서해나 남해에도 매년 몇 차례씩 바닷길이 열리는 걸 보면서 나는 혹시 모세가 살던 시절에 홍해의 수심이 특별히 낮았던 것은 아닐까 의심해본다. 만일 모세가 기원전 2000년경 실존했던 인물이라면 해양지질학적으로 연구해볼 가치가 충분한 '기적'이다.

나는 모세의 기적보다 훨씬 더 믿기 어려운 기적을 하나 알고 있다. 지질하게 가진 것도 없고 변변하게 물려받은 것도 없는데 동족상쟁의 전쟁까지 겪으며 거의 완벽하게 쑥대밭이 되었다가 불과 반세기 만에 세계 10위권 경제대국으로 성장한 어느 한 나라의 얘기다. 그 나라 여기저기 시커먼 액체가 콸콸 용솟음치는가? 그 나라 전국 곳곳에 조상들이 제법 금괴라도 파묻어 뒀다던가? 그 나라가 기적을 일구는 동안 다른 나라들은 그저 매일 빈둥빈둥 놀았나 보다. 그 나라 국민만 열심히 일하고 다른 나라 국민들은 죄다 뒷짐 지고 구경만 한 모양이다.

2015년 대한민국은 광복 70주년을 맞았다. 빼앗긴 나라를 되찾은 기쁨이 채 가시기도 전에 참혹한 전쟁을 치렀고 민주화를 이루기 위한 아픔과 IMF 사태 등 온갖 경제적 어려움을 겪으면서도 그동안 우리의 국내총생산GDP은 무려 1000억 배 이상 증가했다. 내가 아는 한 단언컨대 세상에 이보다 더 엄청난 기적은 없다. 우리나라에서 11년이나 살았던 전 『이코노미스트』 서울 특파원 대니얼 튜더는 대한민국을 '기적을 이룬 나라, 기쁨을 잃은 나라'라며 아쉬워한다. 이제 우리 모두 스스로를 믿고 한번 자신 있게 살아보자. 지나친 걱정은 마땅히 누려야 할 기쁨마저 앗아간다. 우리 모두 스스로 자기 어깨를 한번 도닥여주자. 양팔을 크게 벌려 스스로를 꼭 껴안아주자. 그리고 말해주자. 나는 기적을 이뤄낸 위대한 국민이라고.

부드러움의 힘

문화심리학자 김정운은 그의 책 『나는 아내와의 결혼을 후회한다』에서 1989년 11월 9일 독일 통일의 엄청난 밀물을 온몸으로 맞았던 무용담을 소개한다. 당시 독일에 유학하던 그는 서베를린 슈판다우 지역의 난민수용소에서 야간 경비원 아르바이트를 하고 있었는데, 그날 저녁 동독 공산당 대변인이 정부의 여행자유화 정책이 언제부터 유효한지를 묻는 한 이탈리아 기자의 질문에 멋모르고 "지금부터! 바로!"라고 대답하는 바람에 동독 주민들이 한꺼번에 몰려나와 베를린 장벽을 무너뜨리고 억류된 가족을 만나려 난민수용소 철문 앞에 줄을 서기 시작했단다. 처음에는 상부의 지시가 있어야 문을 열겠다며 버티던 김정운 박사는 급기야 권총 위협까지 받자 열쇠 뭉치를 건네주고 줄행랑을 쳤다는 얘기다.

2014년 가을 우리나라를 찾은 독일의 생태학자이자 언론인인 캐롤라인 뫼링Caroline Möhring도 "독일 통일은 꿈처럼 갑자기 찾아왔습니다. 음악, 스포츠 그리고 환경처럼 소프트soft한 분야부터 하나둘 교류하자 '둑'이 터지듯 어느 순간 '통일'에 가 있었던 겁니다"라고 말했다(『조선일보』 2014년 9월 1일). 노자는 기원전 6세기에 이미 알고 있었다. "부드럽고 유연한 게 딱딱하고 경직된 것을 이기는 법이다. 이 또한 하나의 모순이지만, 부드러운 게 강한 것이다."

세계적인 여성운동가 글로리아 스타이넘Gloria Steinem과 노벨 평화상 수상자 두 명을 포함한 세계 여성지도자 30명이 2015년 5월 24일 비무장지대DMZ를 북에서 남으로 걸어서 종단하는 국제 행사 '위민 크로스 DMZ(Women Cross DMZ)'를 개최하기도 했다. '소프트'한 분야부터 교류하자는 취지로 우리 정부도 이미 DMZ를 '세계평화공원'이 아니라 '세계생태평화공원'으로 만들자고 제안한 바 있다. 생태, 문화, 체육 그리고 시민운동 차원에서 남북교류를 늘려가다 보면 어느 날 우리에게도 꿈처럼 통일 한국이 찾아올지 모른다. 김정운 박사는 이렇게 말한다. "역사는 필연적 인과 관계보다는 아주 황당하고 우연한 방식으로 변화한다. 한반도도 분명 예외는 아니다."

좋은 놈, 나쁜 놈, 추한 놈

엔니오 모리코네의 주제음악이 환상적이었던 스파게티 웨스턴 영화 「좋은 놈, 나쁜 놈, 추한 놈The Good, the Bad, and the Ugly」(국내 출시명: 「석양의 무법자」)은 세 총잡이의 맞대결로 끝이 난다. 무려 3분간이나 이어진 피 말리는 신경전 끝에 '좋은 놈' 클린트 이스트우드는 '나쁜 놈'에게 총을 쏜다. '추한 놈'도 '나쁜 놈'에게 총을 겨누지만 전날 밤 이스트우드가 그의 총에서 미리 총알을 제거해둔 바람에 불발로 그친다.

흔히 '멕시칸 대결mexican standoff'이라고 불리는 삼자truel 게임은 양자duel 게임에 비해 훨씬 복잡한 양상을 띤다. 양자 게임의 경우에는 대체로 먼저 공격의 기회를 잡는 게 유리하지만, 셋이서 대결하는 상황에서 선제공격은 절대적으로 불리하다. 만일 갑이 먼저 을을 쏜다면, 병이 곧바로 갑을 쏘아 손쉽게 승리를 거머쥘 수 있기 때문이다. 댜오위다오 혹은 센카쿠 열도를 놓고 중국과 일본의 무력시위가 위험수위를 넘나들고 있다. 일본은 또한 우리나라와 독도를 두고 분쟁을 일으키려 한다. 중국 역시 우리 이어도를 호시탐탐 넘보고 있다. 해양 영유권을 둘러싼 세 나라의 갈등은 각각 다른 섬을 두고 벌어지고 있지만 자칫 까다로운 삼자 게임으로 번질지 모른다.

삼자 게임에서는 공격력의 확실한 우위가 없는 한, 일부러 상대를 맞히지 않는 게 일단 최선의 전략이다. 그러면 다음 공격자는 여전히 실탄을 장전하고 있는 나머지 상대를 쏘게 마련이다. 이런 점에서 볼 때 센카쿠 열도를 실질적으로 점유하고 있는 상황에서 2012년 9월 홀연 국유화를 선언한 일본은 쓸데없이 선제공격을 하는 우를 범했다. 국내정치용 전략이 국제정치를 망친 전형적인 예이다. 독도에 대한 우리의 전략도 이런 관점에서 신중하게 점검할 필요가 있어 보인다.

나는 이 게임에서 우리나라가 '좋은 놈' 클린트 이스트우드였으면 좋겠다. 그래서 '추한 놈'을 일찌감치 무장 해제시키고 게임을 단순하게 만드는 지혜를 발휘했으면 한다. 두 나라 중 누가 '나쁜 놈'이고 '추한 놈'인지는 차차 드러날 것이다. 세상에는 삼자 게임이 은근히 많다.

일본의 각별한 남성 배려

극지연구소의 숙원 사업인 장보고과학기지가 착공한 지 7년 만인 2014년 문을 열었다. 1988년 남극 대륙의 북서쪽에 위치한 킹조지 섬에 건설된 세종과학기지에 이어 남동 해안의 테라노바 만에 두번째 상설 기지가 건설된 것이다. 남극은 해양 생태나 기후변화 연구 분야에서 엄청난 잠재력을 지닌 과학 연구의 프런티어이다. 앞으로 이 두 연구 기지의 적절한 분업과 협업으로 과학 한국의 위상이 한 단계 도약하리라 확신한다.

장보고기지는 규모에서 세종기지와는 비교할 수 없으리만치 월등하지만 극지 생활은 여전히 육체적으로나 정신적으로 엄청난 도전이다. 워낙 먼 곳이라 일단 배치되면 장기 근무가 불가피한 상황이라 대원들의 성적 욕구를 어떻게 해소할 것인가는 드러내놓고 논의하기는 어렵지만 엄연히 존재하는 현실적인 문제이다. 세계 30여 개국이 남극에 크고 작은 연구 기지를 갖고 있지만 일본 정부의 배려는 남다르다. 1982년 규슈대 이학부 명예교수 기타무라 다이이치 박사의 증언에 따르면, 일본 정부는 1957년 쇼와기지를 준공하고 1차로 파견한 월동대원들의 성욕 해소를 위해 문부성이 직접 나서 '남극1호'라는 이름의 성노리개 인형sex doll을 제작하여 보냈다. 현지에서는 '벤텐(미인)'이라고 불린 이

인형은 기지 밖에 따로 마련한 이글루에 배치하여 원하는 사람이 직접 물을 데워 주입해 사용하도록 했다고 한다.

2014년 2월 우리나라 위안부 할머니들을 찾아와 손까지 잡으며 손수 용서를 빈 무라야마 도미이치 전 일본 총리와 달리, 몇몇 일본 정치인들은 위안부의 존재 자체마저 부정하는 발언을 서슴지 않고 있다. 전장도 아닌 관측 기지에 근무할 남자 대원들의 성욕 해소를 위해 국가 예산으로 만든 인형의 얼굴이 당시 인기 여성 연예인을 쏙 빼닮았다는 풍문까지 나돌았다. 실로 거침없고 세심하기까지 한 일본 문화의 남성男性 배려의 배후에는 마찬가지로 거침없고 노골적인 여성女性 유린이 자리 잡고 있다. 예로부터 하나를 보면 열을 안다 했다. 손바닥으로 하늘을 가리긴 어려울 것이다.

전염성과 독성

우리 눈에 보이지도 않는 미물이 만물의 영장인 우리를 가지고 놀고 있다. 기껏해야 단백질로 둘러싸인 핵산 쪼가리에 불과한 바이러스는 스스로 번식할 능력이 없어 엄밀하게 말하면 생물도 아니다. 그런 주제에 무슨 기막힌 전략을 세웠을 리 만무하건만 그들의 몽매한 공격에 지금 우리는 속수무책, 혼비백산하고 있다. 정작 메르스MERS 자체보다 오해와 불신 바이러스가 더 길길이 날뛰며 겨우 지펴낸 경제 불씨에 찬물을 끼얹는 사태를 보며 과학자로서 더 이상 묵과할 수 없어 쾌도로 난마를 자르는 심정으로 나선다.

문제의 핵심은 지극히 간단명료하다. 감염성 질병이란 원래 독성과 전염력의 양면성을 지닌다. 말라리아처럼 모기가 중간 매개체 역할을 하는 간접감염의 경우에는 독성이 강할수록, 그래서 모기를 후려칠 기운조차 없을 정도로 아파야 더 손쉽게 번진다. 그러나 감기, 독감, 사스SARS, 그리고 메르스 같은 직접감염 질환의 경우에는 독성이 강하면 전염력이 떨어질 수밖에 없다. 독성이 지나치게 강한 바이러스는 이미 감염시킨 환자와 운명을 같이할 뿐이다. 발병이 확인되자마자 곧바로 전파 경로만 차단하면 법정 전염병으로 확산되는 것을 능히 막을 수 있다.

우리나라는 이미 세계 최고 수준의 병원을 갖췄다. 벌써 여러 해 동안 가장 성적 좋고 성실한 학생들이 죄다 의과대학으로 진학하여 지금 모두 의사로 일하고 있다. 여기에 방역 당국의 신속하고 단호한 초동 대응과 성숙한 시민 의식만 뒷받침되면 감염성 질병은 이 땅에서 절대로 사회 문제가 될 수 없다. 처음 겪은 메르스 때는 초동 대응에서 실기했지만, 앞으로 유사 사례가 발생할 경우 과학적 논리에 따라 상황을 냉정하게 파악하고 차분하게 대응해야 한다. 대부분 전염성은 높고 독성은 그리 강하지 않은 바이러스라서 면역력이 특별히 낮은 사람이 아니라면 충분히 완치될 수 있다. 은근슬쩍 우리 DNA에 올라타 복제 서비스를 받아먹으려는 바이러스의 무임승차를 용서하지 말아야 한다. 우리 모두 조금만 더 현명해지면 바이러스와의 전쟁 따위는 우습게 끝낼 수 있다.

○──── 웰빙과 웰다잉

우리나라는 지금 세계에서 가장 빠른 속도로 고령화하고 있다. 고령화는 출산율 저하와 평균수명 증가로 인해 벌어지는데, 우리는 그야말로 쌍끌이 곤혹을 치르고 있다. 우리나라의 합계출산율은 2005년 1.08명으로 바닥을 친 후 2012년 한 해 겨우 턱걸이한 걸 빼고는 '초저출산'의 기준선인 1.30명을 넘지 못하고 있다. 그런가 하면 우리나라의 평균수명은 드디어 80세에 이르러 세계 25위를 기록했다. 그러나 "질병에 시달리지 않고 건강하게 살아가는 기간"을 의미하는 '건강수명'은 세계 50위로 필리핀(44위), 베트남(45위), 중국(48위)보다도 낮다. 예전에 비하면 분명히 오래 사는데 덤으로 사는 기간 대부분을 병마에 시달리며 산다는 말이다. 인생 100세 시대에 99세까지 팔팔하게 살아야지(99-88), 겨우 88세를 구질구질하게 살아서야(88-99) 되겠는가.

무라카미 하루키의 단편소설 「태국에서 일어난 일」에는 이런 대목이 나온다. "당신이 만일 당신의 미래 에너지를 모두 삶에만 투자한다면, 당신은 잘 죽을 수 없게 된다. [……] 요컨대 삶과 죽음은 동일한 가치를 지닌다." 이제는 웰빙well-being 못지않게 웰다잉well-dying이 중요한 시대다. 2015년 3월 김명자 전 환경부 장관의 기치 아래 1만 명이 훨씬 넘는 발기인이 모여 '호스피스·완화의료 국민본부'가 출범했다. 이미 결성되어 있던 '웰다잉 문화 조성을 위한 국회의원 모임'과 더불어 국회의원회관에서 법안제정 공청회도 열었다. 삶의 현장에는 여야가 따로 있겠지만 죽음 앞에서는 함께 머리 숙인다.

천상병 시인은 「귀천歸天」에서 이렇게 말했다. "나 하늘로 돌아가리라/아름다운 이 세상 소풍 끝내는 날/가서, 아름다웠더라고 말하리라." 불행하게도 요즘 우리의 세상 소풍은 끝이 별로 아름답지 못하다. 나는 천 시인이 "소풍 끝나는 날"이 아니라 "끝내는 날"이라 말한 것에 주목한다. 이 세상에 오는 길은 선택할 수 없었지만 떠나는 길은 선택할 수 있어야 한다.

연금의 진실

연금에 대한 논란이 끊이지 않는다. 2004년에는 한 누리꾼이 올린 '국민연금 8대 비밀'이라는 글이 국민연금관리공단 상담원의 양심 고백으로 이어지며 급기야 대규모 촛불집회로 번진 사건이 있었다. 몇 년 전에는 보건복지부 장관이 국민연금에 기초연금을 연계할 수 없다며 돌연 사퇴하기도 했다. 연금제도에 근본적인 문제가 있는 게 분명해 보인다. 모름지기 근본적인 문제일수록 역사적 고찰에서 해결의 실마리를 찾아야 한다.

연금은 원래 다분히 정치적인 맥락에서 탄생한 제도이다. 연금제도를 국가 정책으로 처음 도입한 사람은 그 유명한 독일의 철혈재상 비스마르크였다. 그의 말에 따르면 국민에게 그들이 늙고 병들었을 때 국가가 보살펴주겠다는 믿음을 주어 "다루기 쉽게" 만들려고 연금제도를 채택했단다. 1883년 당시 그가 설정한 연금 수령 연령이 70세였건만 독일 국민은 그의 정치적 계산을 알아차리지 못했다. 당시 독일의 평균수명에 비춰볼 때 혜택받을 사람이 극소수였음을 고려하면 그들은 어쩌면 비스마르크의 음모를 애써 외면했는지도 모른다.

연금은 기본적으로 사회주의 체제를 염두에 두고 만든 제도이다. 비스마르크는 연금제도가 "사회주의 국가에서는 어디나 꼭 필요하다"고 말했다. 그렇다면 연금은 애당초 자본주의 체제에는 어울리지 않는 제도였는지도 모른다. 물론 인구 감소라는 돌발 변수를 예상하긴 어려웠지만 현재 연금제도로 골치를 썩지 않는 나라가 없는 걸 보면 필경 태생적인 모순이 도사리고 있는 듯싶다.

나는 자본주의 국가의 연금제도는 보험의 개념을 고려해야 한다고 생각한다. 보험은 경제적 손해에 대비해서 미리 함께 돈을 적립하여 기금을 마련하고 어려움에 처한 사람에게 지원하는 제도이다. 그렇다면 '국민보험' 제도에서는 각자 형편에 따라 보험료를 내되 훗날 그 돈을 수령하지 않아도 되는 사람이 훨씬 행복한 사람이 되는 것이다. 건강보험에 낸 돈이 아까워 일부러 병에 걸리려 애쓰는 사람은 없지 않은가. 국민연금을 비롯한 각종 연금과 국민건강보험, 국민행복기금 등을 통합적으로 논할 국민대토론의 장이 필요하다.

최영 장군과 김영란법

나는 주변 사람들에게 종종 언젠가 여윳돈이 생기면 틀니로 옥니를 해 박겠다는 농담을 한다. "앉았던 자리에 풀도 안 난다"는 최씨에 곱슬머리인 내가 옥니박이만 되면 명실공히 옹고집 삼박자를 갖추게 된다. 게다가 나는 최영 장군과 더불어 동주東州(지금의 철원) 최씨 원외공파員外公派에 속하며 그의 20대손이다. 우리나라 오천 년 역사에서 청빈과 충절의 표상으로 으뜸인 그는 부친 최원직의 유훈 "너는 마땅히 황금 보기를 돌같이 하라"를 평생 좌우명으로 삼고 살았다.

인기리에 방영되었던 TV 드라마 「정도전」에서 최영 장군이 이성계 일파에게 참형을 당하는 장면에 많은 시청자가 감동했다. 비통해하는 백성들 앞에서 그는 "내 평생에 단 한 순간이라도 사사로운 욕심을 품었다면 내 무덤에 풀이 자랄 것이고, 하늘을 우러러 한 점의 부끄럼도 없었다면 풀이 나지 않을 것이다"라고 외치며 의연하게 죽음을 맞았다. 2013년 1월 인터넷을 뜨겁게 달군 '우리나라 성씨 본관 순위'에 따르면 우리나라에는 모두 333개의 성씨 본관이 있는데, 그중에서 동주 최씨는 총 1만 1,699명으로 전체에서 279위이며 최씨 중에서도 가장 희귀한 본관으로 드러났다. 무덤에 풀만 안 난 게 아니라 자손도 그리 번성하지 못한 것이다.

2011년 12월 8일에는 경기도 성남시 한국국제협력단KOICA 연수센터 건물 벽면에 최영 장군의 흉상이 부조 형태로 건립됐다. 우리나라 행정을 배우러 온 개발도상국 공무원들에게 청렴의 메시지를 전달하기 위해 만들었다고 한다. 이번 기회에 과천 중앙공무원교육원에도 최영 장군 동상을 세우고 이 땅의 모든 공직자에게 청렴의 철학을 가르쳤으면 한다. 김영란 전 국민권익위원장이 제안한 일명 '김영란법' 또는 '부정청탁 및 금품 등 수수의 금지에 관한 법안'이 2015년 3월 27일 제정되었다. "100만 원을 초과하는 금품을 수수한 공직자는 대가성과 직무 관련 여부와 상관없이 형사처벌 한다." 최소한 이 정도는 해야 지하에 계신 장군께서 우리를 어여삐 여기실 것이다.

백벌백계

세월호 참사는 처음부터 끝까지 순전히 인재人災였다. 타이태닉 호 침몰의 경우처럼 폭풍우가 몰아친 것도 아니었다. 짙은 안개 때문에 애당초 출항하지 말았어야 했지만 정작 사고가 난 맹골수도 지역은 본디부터 항해하기 까다로운 지역이었을 뿐 당일 기상 조건은 사고의 원인이 아니었다. 오로지 돈만 챙긴 청해진해운의 무리한 선박 구조 변경도 인재이며 자기들만 살겠다고 최소한의 책무마저 내팽개친 선원들의 작태도 인재의 전형이다. 사고 현장에 나타나서도 어영부영 시간만 낭비한 해경의 총체적인 무능함도 인재의 범주를 벗어나기 어렵다.

나는 고건 전 총리가 공직 생활 50년을 회고하며 쓴 자전적 저서 『국정은 소통이더라』에 추천의 글을 썼다. 일선 공무원으로 그는 "새마을운동·치산녹화·식량증산에 젊음을 바쳐" 일했으며 임명직과 민선으로 서울시장을 두 차례나 역임했다. 박종철 고문치사 사건이 터지자 전두환 대통령은 그에게 내무부 장관을 맡겼고, 문민정부 막바지에 김영삼 대통령은 그를 총리로 불러들여 한보사태 정리 등 온갖 뒤치다꺼리를 떠맡겼다. 노무현 대통령은 스스로 '몽돌' 대통령을 자임하려 그를 이른바 '받침대' 총리로 삼았다. 그는 우리 정부가 다급할 때마다 찾았던 인재人才였다.

그는 늘 다산 정약용 선생의 『목민심서』의 「율기律己」 편에 나오는 지자이렴智者利廉을 받들며 살았다고 한다. 지혜롭고 욕심이 큰 사람은 반드시 청렴하게 살려고 노력한다. 하지만 욕심만 많고 지혜롭지 못한 사람은 자칫 부패를 저지른다. 고건 총리의 책에서 나는 「부패 공직자 백벌백계」라는 글을 가장 감명 깊게 읽었다. 한 명을 벌하여 일백 명에게 경계가 되도록 하자는 일벌백계一罰百戒는 많이 들었지만 백벌백계百罰百戒는 처음이었다. 백벌백계는 부정을 저지르고도 운만 좋으면 걸리지 않는 게 아니라 언젠가는 반드시 적발되어 벌을 받는다는 원칙을 말한다. 세월호 사건에 어떤 형태로든 부정을 저지른 자들은 한 사람도 빠짐없이 모조리 벌을 받게 만들어 우리 사회의 규범을 새롭게 세워야 한다.

희망의 배

2011년 새해 벽두 나는 내 신문 칼럼에 「희망을 말하는 동물」이라는 글을 실었다. 그 글에서 나는 '네 개의 촛불'이라는 제목의 파워포인트 내용을 소개했다. 거기에는 설령 우리 삶에서 평화, 믿음, 사랑의 촛불이 죄다 꺼진다 하더라도 희망의 촛불만 꺼지지 않는다면 언제든 다른 촛불에 새롭게 불을 밝힐 수 있다는 교훈이 담겨 있다.

그래도 명색이 선원인데 승객을 먼저 구하고 제일 마지막으로 탈출해야 할 책임이 있다는 걸 모를 리는 없었으리라. 다만 안전을 무시한 개조 사실을 너무도 잘 알고 있던 그들은 자신들의 배를 신뢰할 수 없었을 것이다. 딱히 나무랄 순 없지만 화물차 기사들도 모두 살아남았단다. 이미 여러 차례 위험천만의 곡예 항해를 경험한 그들은 애당초 방송을 믿지 않았다. 때마침 갑판에 모여 있던 그들은 잠시도 머뭇거리지 않고 배를 떠났다. '불신의 세대'는 이렇게 조금은 다른 모습으로 제가끔 살아남았다.

세월호 사태를 통해 우리는 '네 척의 배' 중 세 척을 잃었다. 원칙, 배려, 신뢰의 배는 처참하게 가라앉았다. 그러나 우리에게는 아직 희망의 배가 남아 있다. 우리 아이들은 물이 차 들어오는 순간에도 어른들의 지시를 충실하게 따랐다. 횡단보도에서는 반드시 손을 치켜들라고 배운 유치원 아이들이 차가 달려오는데도 손을 든 채 길로 내려서는 것처럼. 우리 아이들은 이미 '신뢰의 세대'를 만들어가고 있다.

그동안 우리는 원칙은 지키면서도 약자에 대한 따뜻한 배려를 잊지 않는, 그래서 서로 신뢰할 수 있는 사회를 구축하려 노력해왔다. 결과는 너무도 슬프지만 안산 단원고 학생들의 행동에서 나는 희망의 싹을 보았다. 하기야 수학여행 중이었으니 선생님들로부터 단체 행동의 수칙에 대해 얼마나 귀가 따갑도록 들었을까? 그들보다 인생 경험이 많은 어른들의 말을 들어야 한다고. 다만 그 어른들이 선생님이 아니라 제 앞가림도 제대로 못하는 못나빠진 선원들이었던 게 문제였을 뿐이다. 그러니 제발 포기하지 말자. 이제 막 시작된 신뢰의 세대가 이어질 수 있도록 가르침을 멈추지 말아야 한다.

참고문헌

1. 정기간행물

American Anthropologist(미국인류학회지), American Anthropological Association(AAA).

Current Biology(커런트 바이올로지), Cell Press.

Neuron(뉴런), Cell Press.

Proceedings of the National Academy of Sciences(*PNAS*, 미국과학한림원회보), National Academy of Science.

PLoS One(플로스원), Public Library of Science.

Science(사이언스), American Association for the Advancement of Science(AAAS).

2. 일반 단행본

Carroll, Lewis, *Alice's Adventures in Wonderland*, The Franklin Library, 1980.

———, *Through the Looking-Glass, and What Alice Found There*, Octopus, 1981.

Darwin, Charles Robert, *On the Origin of Species*, Cambridge University Press, 1981.

———, *The Descent of Man, and Selection in Relation to Sex*, Princeton University Press, 1981.

Frost, Robert, "The Road Not Taken," *Robert Frost's Poems*, St. Martin's Paperbacks, 2002.

———, "Mending Wall," *Robert Frost's Poems*, St. Martin's Paperbacks, 2002.

고건, 『국정은 소통이더라』, 동방의빛, 2013.
굴드, 스티븐 제이, 『생명, 그 경이로움에 대하여』, 김동광 옮김, 경문사, 2004.
글렉, 피터, 『생수, 그 치명적 유혹』, 환경운동연합 옮김, 추수밭, 2011.
김광균, 「와사등」, 『와사등』, 삶과꿈, 1994.
김용선, 『고려 금석문 연구』, 일조각, 2004.
김정운, 『나는 아내와의 결혼을 후회한다』, 21세기북스, 2015.
김춘수, 「꽃」, 『김춘수 시전집』, 민음사, 1994.
눌런드, 셔윈, 『사람은 어떻게 죽음을 맞이하는가』, 명희진 옮김, 세종서적, 2010.
다이아몬드, 재러드, 『문명의 붕괴』, 강주헌 옮김, 김영사, 2005.
———, 『총, 균, 쇠』, 김진준 옮김, 문학사상, 2005.
돌런, 폴, 『행복은 어떻게 설계되는가』, 이영아 옮김, 와이즈베리, 2015.
디킨스, 찰스, 『크리스마스 캐럴』, 이은정 옮김, 펭귄클래식코리아, 2008.
리들리, 매트, 『붉은 여왕』, 김윤택 옮김, 김영사, 2002.
무라카미 하루키, 「태국에서 일어난 일」, 『신의 아이들은 모두 춤춘다』, 김유곤 옮김, 문학사상사, 2000.
밀러, 아서, 『아인슈타인, 피카소』, 정영목 옮김, 작가정신, 2002.
박경숙, 『문제는 무기력이다』, 와이즈베리, 2013.
베일즈, 데이비드 & 테드 올랜드, 『예술가여, 무엇이 두려운가!』, 임경아 옮김, 루비박스, 2006.
사토 도미오, 『인생은 말하는 대로 된다』, 이예린 옮김, 북뱅크, 2005.
샌델, 마이클, 『돈으로 살 수 없는 것들』, 안기순 옮김, 와이즈베리, 2012.
셔머, 마이클, 『왜 사람들은 이상한 것을 믿는가』, 류운 옮김, 바다출판사, 2007.
솔제니친, 알렉산드르, 「모닥불과 개미」, 『노오벨상문학전집12—솔제니친 편』, 신구문화사, 1970.
슈빈, 닐, 『내 안의 물고기』, 김명남 옮김, 김영사, 2009.
시바, 반다나, 『자연과 지식의 약탈자들』, 한재각 외 옮김, 당대, 2000.
안도현, 「자작나무를 찾아서」, 『외롭고 높고 쓸쓸한』, 문학농네, 2004.

어스태드, 스티븐, 『인간은 왜 늙는가』, 최재천·김태원 옮김, 궁리, 2005.
에셀, 스테판 & 질 방데르푸텐, 『참여하라』, 임희근 옮김, 이루, 2012.
오영수, 「메아리」, 『오영수 대표단편선집』, 책세상, 1989.
오웰, 조지, 『1984』, 정회성 옮김, 민음사, 2003.
올샨스키, 스튜어트 & 브루스 칸스, 『인간은 얼마나 오래 살 수 있는가』, 전영택 옮김, 궁리, 2002.
이인식, 『미래신문』, 김영사, 2004.
이정록, 「서시」, 『벌레의 집은 아늑하다』, 문학동네, 2004.
일리치, 이반, 『학교 없는 사회』, 박홍규 옮김, 생각의나무, 2009.
———, 『과거의 거울에 비추어』, 권루시안 옮김, 느린걸음, 2013.
조영식, 『문화세계의 창조』, 경희대학교출판문화원, 2014.
조지훈, 「승무」, 『승무』, 미래사, 1991.
천상병, 「귀천」, 『천상병 전집—시』, 평민사, 2007.
최재천, 『개미제국의 발견』, 사이언스북스, 1999.
——— 엮음, 『과학 종교 윤리의 대화』, 궁리, 2001.
———, 『다윈 지능』, 사이언스북스, 2012.
——— 외, 『10년 후 세상』, 청림출판, 2012.
———, 『과학자의 서재』, 움직이는서재, 2011; 2015.
카슨, 레이철, 『침묵의 봄』, 김은령 옮김, 에코리브르, 2011.
톨스토이, 레프, 『이반 일리치의 죽음』, 박은정 옮김, 펭귄클래식코리아, 2009.
판던, 존, 『오! 이것이 아이디어다』, 강미경 옮김, 웅진지식하우스, 2012.
피쿠, 조디, 『19분』, 곽영미 옮김, 이레, 2009.
한병철, 『피로사회』, 김태환 옮김, 문학과지성사, 2012.